eビジネス新書

No.429

週刊東洋経済

人口消失の大問題

人口減サバイバル

JN046766

週刊東洋経済 eビジネス新書 No.429

人口減サバイバル

本書は、東洋経済新報社刊『週刊東洋経済』2022年7月9日号より抜粋、加筆修正のうえ制作しています。情報は底本編集当時のものです。（標準読了時間 120分）

人口減サバイバル　目次

少子化による人口減少の現実

「出生率が死亡率を超えるような変化がない限り、日本はいずれ消滅するだろう」。２０２２年５月、米テスラのイーロン・マスクＣＥＯ（最高経営責任者）がツイッターに投稿したつぶやきは、日本の人口減の議論を再燃させた。

実際、日本の人口は急減している。２０２１年の自然増減数は６２万人のマイナスと、鳥取県の人口５４万人を上回る規模だった。

最大の要因は少子化だ。２２年６月に公表された２１年の出生数は８１万人と、過去最少を記録。３０年前から本格化した少子化問題への抜本的な対策が打たれないいま、出産適齢期に入った少子化世代は経済格差にさいなまれ、結婚・出産を「リスク」として避けている。

急速な少子高齢化のひずみは年金・医療制度を揺るがし、地方経済を衰退させるなど多方面に波及している。7月10日に投開票が行われた参議院議員選挙では、与野党とも子ども・少子化対策関連の政策を掲げているものの、国民に不人気な財源や社会保障改革の議論は後手に回っている。

課題の先送りは限界がある。日本には1世代先まで見据えたサバイバル戦略が必要だ。

（秦　卓弥）

鳥取県を上回る規模の人口が1年で消失

―人口の自然増減数と自然増減率の推移―

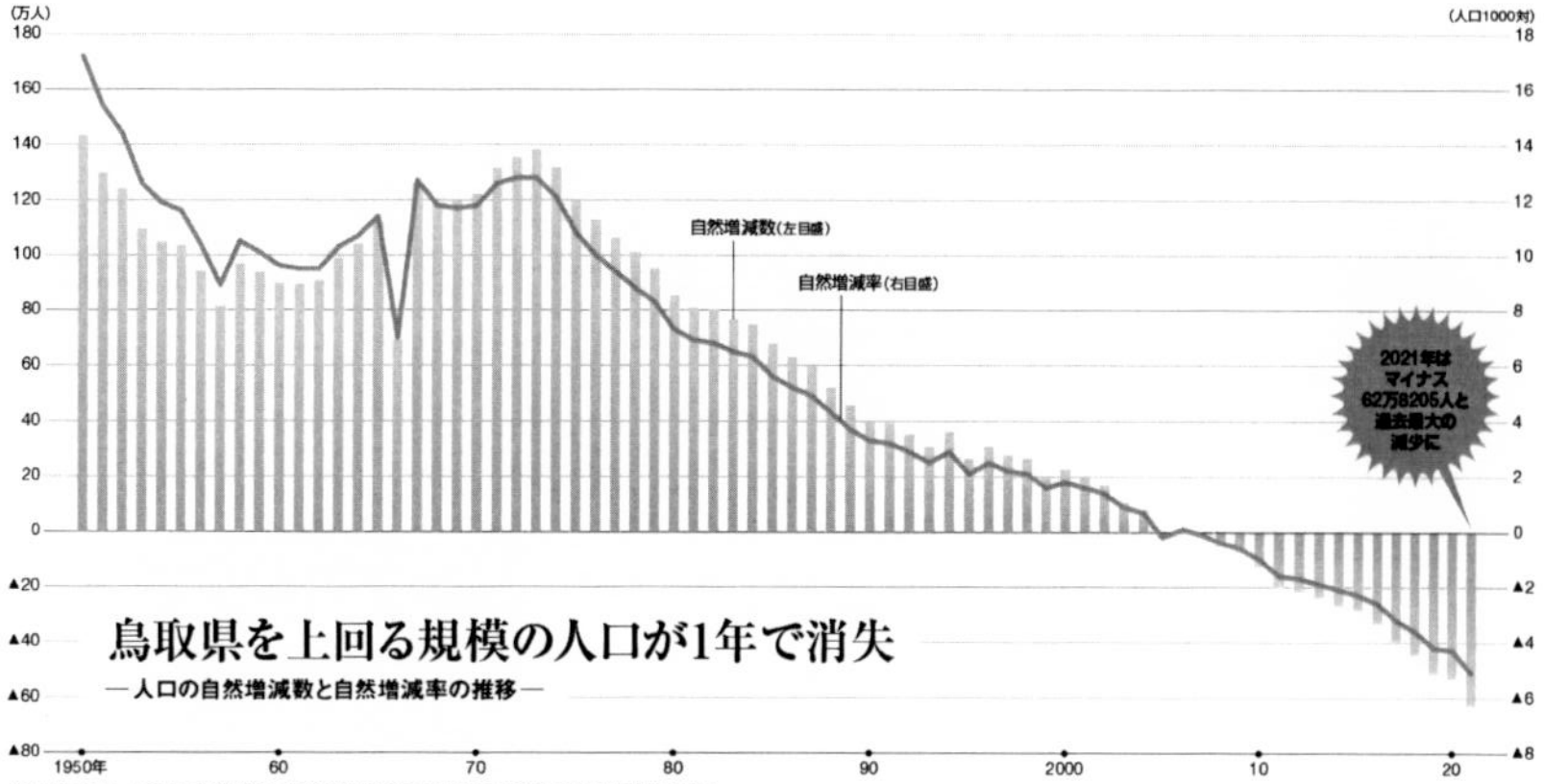

(注)▲はマイナス　(出所)厚生労働省「令和3年(2021)人口動態統計月報年計(概数)」を基に東洋経済作成

危機が再び日本を駆け巡る

迫る年金クライシス

東京・霞が関の合同庁舎第5号館にある厚生労働省大臣室。同省年金局幹部が後藤茂之厚労相に話を切り出した。

「出生率の悪化により、次の財政検証では将来の年金給付水準（所得代替率＝現役世代の手取り収入に対する年金額の割合）が50％を割るのは間違いありません。そのまま何もしなければ、政権は倒れかねません。将来給付水準を改善する答えを用意しておくことが重要です」。それを聞いた後藤厚労相（当時）は「そうだよな」とうなずくしかなかった。

参院選後の政治の爆弾

2022年7月10日の参院選では、メディアに批判されかねない難しい課題は先送りし、安全運転に徹してきたのが岸田文雄政権だ。

参院選を乗り切れば、次の参院選や衆院議員の任期満了は、3年後の2025年までやってこない。選挙に勝てば、岸田首相は念願の長期政権の座を手にし、政策にも腰を落ち着けて取り組むことができる。永田町ではこれを「黄金の3年」と呼び、岸田政権がそれを勝ち取れるかに注目が集まる。

しかし、「黄金の3年」などというものは本当に実現するのか。

参院選が終われば、この間、岸田政権が封印してきた難題は一気に噴き出す。中でも最大のものは、新人口減少ショックに端を発する公的年金と医療改革だ。

冒頭のように岸田政権はとくに年金で巨大な「爆弾」を抱えている。現在はおくびにも出さないが、所得代替率が50%を割り込むと政治的インパクトは大きい。政府は将来にわたり50%以上の年金給付水準を国民に約束しており、過去の財政検証でこれを下回ることはなかった（標準的ケース）。対応を少しでも誤れば内閣支持率は急落し、2009年のような年金問題をきっかけとした自民党の下野が3年後の衆院選で再現されてもおかしくない。

選挙前後の3年間に迎える社会保障改革の主な日程を確認すると、政権が追い込まれていくことも予想される。

【2022年】
6月：2021年の出生数は過去最少の81万人
人口動態統計で明らかに。出生率は過去4番目に低い1・30。
7月10日：参院選で岸田政権が勝利。
国政選挙がしばらくない「黄金の3年」が来るといわれるが……。
8月：医療改革の議論スタート
全世代型社会保障構築会議が議論の舞台に、プライマリーケア（かかりつけ医）制度導入が浮上。
9月：年金改革の議論スタート
2024年財政検証に向けた議論を開始。出生率低下に危機感を抱く厚労省は年金給付改善策を出し攻めの姿勢に。
【2023年】

1月：通常国会が開会
　医療改革の法案提出が大きな目玉に。
2月頃：政府が将来推計人口を公表
　コロナ禍の影響で通常より約1年遅れ。将来出生率は前回の1・44から1・3台へ再び悪化か。

【2024年】
4月：診療・介護報酬の同時改定 ― 6年に1度の同時改定
　報酬改定と合わせてかかりつけ医制度を施行？
春：政府が年金財政検証を公表
　5年に1度の公表、前回より見通しは悪化。将来の年金給付見通しが初の50％割れ、大型の給付改善案も提示。年金をめぐって世論が大揺れか？

【2025年】
1月：通常国会が開会
　大型の年金改正案が提出される。年金に係る国庫負担増や消費増税も盛り込まれる可能性あり。ただ、負担増は国民に不人気。

7月：参院選

秋：衆院選（4年ぶりとなる政権選択の選挙）

ここでは、とくにインパクトが大きい年金問題に絞って「悪夢の3年」を展望していこう

コロナ禍で出生率悪化

6月に発表された21年の出生数は、前年比約2・9万人減の81万人と過去最少を記録した。合計特殊出生率は前年比0・03低下の1・30と過去4番目の低さだった。

そうした中、選挙後の9月、厚労省は社会保障審議会年金部会を立ち上げ、2024年春公表予定の年金財政検証に向けた議論を開始する。

「将来も年金はもらえるのか」といった不信感が根強い中、出生率低下により年金の所得代替率が50％を割るとの見方はメディアで拡大、ネットの世界では極端な「年

金破綻論」も台頭してくるだろう。

財政検証の仕組みを簡単におさらいしておくと、これは5年に1度、国立社会保障・人口問題研究所（社人研）が公表する将来出生率の推計などを基に今後約100年間の年金財政や給付水準見通しがどうなるかを試算するものだ。

現行制度下で標準モデル世帯の所得代替率が、下限の50％以上を維持できるかが1つのポイントとなるほか、どのような制度改革を行えば所得代替率を底上げできるかをオプション試算で示すことが財政検証の目的となっている。それを基に翌年の国会では、大型の年金法改正が行われる。

日本の出生率は05年の1・26を底に、その後15年の1・45まで少しずつ改善が進んでいた。2009〜19年の年金財政検証結果を見てみると、社人研による将来出生率推計も現実の出生率と歩調を合わせて改善を続け、結果、年金の所得代替率見通しは09年の50・1％から19年の50・8％（いずれも標準的ケース）へとわずかながらの向上を続けていた。

■ 年金はついに将来給付50%割れとなる公算大
—年金所得代替率と合計特殊出生率の将来見通し—

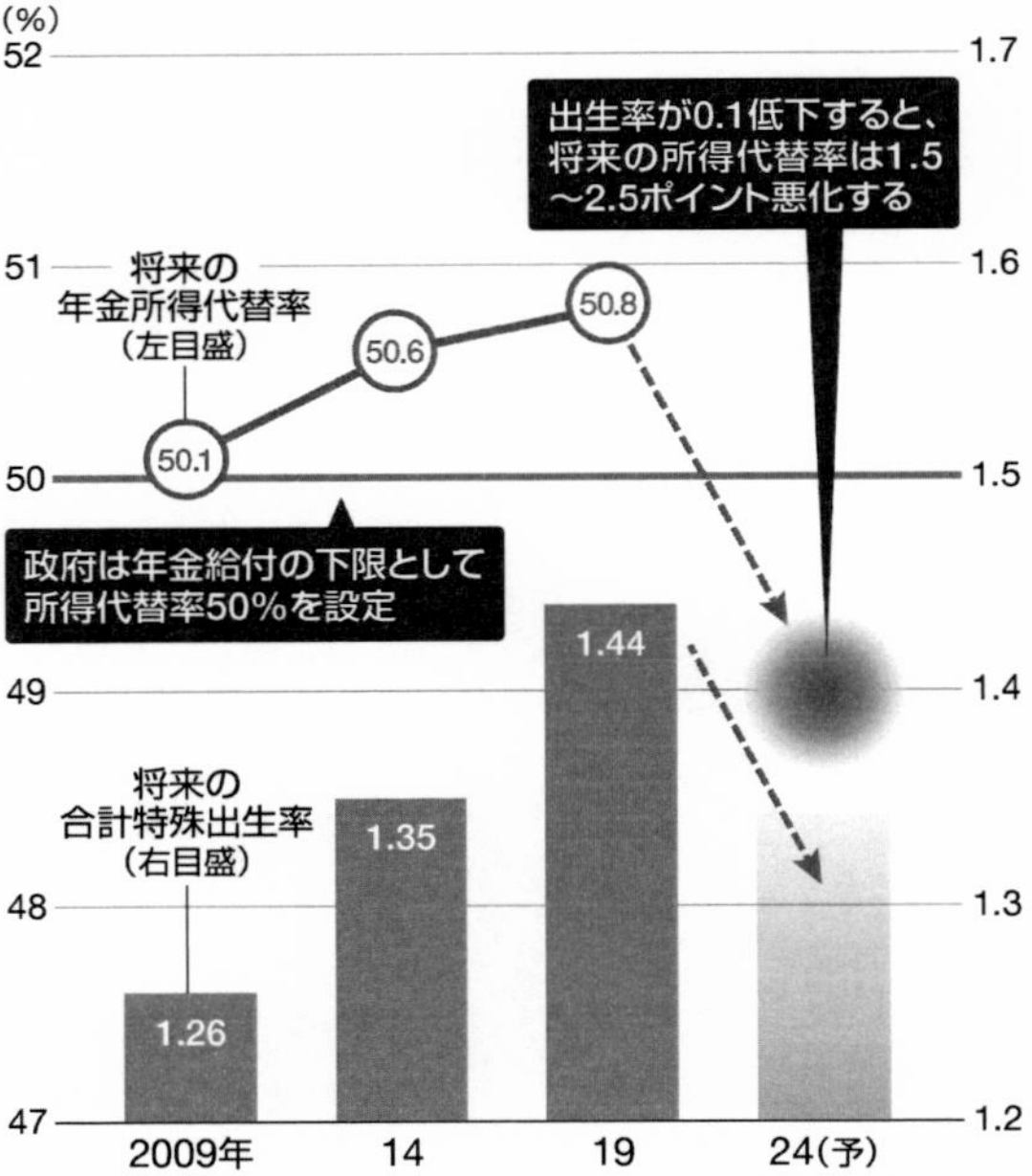

（注）改革未実施の場合の標準モデル世帯の所得代替率（経済中位前提）。合計特殊出生率は中位推計。2024年財政検証のデータは東洋経済予想

（出所）国立社会保障・人口問題研究所、厚生労働省のデータを基に東洋経済作成

問題は、コロナ禍の影響で通常より約1年遅れ、23年2月ごろの公表予定となっている次の将来出生率推計がどうなるかだ。

社人研人口動向研究部の岩澤美帆部長は「現在、推計の基礎となる出生動向基本調査の作業を行っているところだ。将来出生率の推計はコロナ禍のような短期的影響だけで決まるわけではないため、今から悲観的になりすぎる必要はない」とクギを刺す。

2005年を底とした出生率の改善は、団塊ジュニア前後の世代が30代後半で駆け込み出産に動いたことで生じた。だが、それは15年の1・45で峠越え。19年以降は、「令和婚」の反動による婚姻数の減少、コロナ禍の直撃により、出生率は1・30（21年）まで急低下した。

岩澤氏が指摘するように、次の出生率推計がどこに着地するかはまだ不明だ。しかし、年金局は足元の出生率低下の関連で1・3台まで再び悪化すると踏んでいる。

出生率と将来所得代替率は、前者が0・1低下すると、後者は1・5～2・5ポイント悪化するという関係にある。そのため、次の24年の財政検証で出生率の前提が前回の1・44から1・3台まで低下すれば、所得代替率は49％程度まで悪化すると見込んでいる。

前述のように、将来出生率推計が発表される23年2月ごろから財政検証公表の24年春まで、世論を巻き込んで年金制度改革をめぐる、さまざまな議論が起きるだろう。その際は、2000年代のように積み立て方式や税方式の最低保障年金への移行など「抜本的改革論」が世間をにぎやかす可能性がある。

これを傍観することは、政策当局にとって悪夢でしかない。これらの「抜本的改革論」は、財源や制度移行の現実性だけでなく、有効性もないことが2000年代の議論で決着済みだ。だが当時を知らない若年層や、以前は年金議論に関心のなかった層が「抜本的改革論」を再燃させる可能性はある。それは時間の空費でしかない。

政府側に何の答えもなければ、政権は倒れ、日本の社会保障は極めて混沌とした状況に陥るだろう。救いは、2009年の財政検証から政府が蓄積してきた給付改善の改革案があることだ。中でも目玉となるのは、①基礎年金（国民年金）と厚生年金のマクロ経済スライド調整期間の一致と、②基礎年金の40年から45年への拠出期間延長だ。

政府試算によると、①だけで将来所得代替率は5ポイント前後改善し、①＋②では10ポイント前後の改善となる。先述の出生率低下による悪化分を大きく上回るのは一目瞭然だ。

政府が温める給付改善策

①については説明が必要だろう。2004年の法改正で始まった現行の年金制度は、保険料を18・3％（厚生年金の場合、労使折半）で固定して今後100年間の総収入を確定し、それを現在の高齢世代と将来世代の間で配分していく仕組み。その配分調整を一定のルールで行うのがマクロ経済スライドだ。
ただ、現行ルールでは厚生年金（所得比例部分）のマクロ経済スライド調整のほうが早く終わり、基礎年金（国民年金）は調整期間が長引く分、目減りが大きくなって、低所得者層や国民年金受給者への打撃が大きい。基礎年金と所得比例部分の調整期間

をそろえれば、事実上、所得比例部分の財源の一部が基礎年金に回ることになり、基礎年金の給付を大きく改善する効果がある。

結果、国民年金の受給者はもちろん、厚生年金（所得比例部分＋基礎年金）の受給者である会社員世帯も、ごく一部（全体の0・2％）の超高額所得者を除き、将来の給付水準が上がる。さらに、基礎年金拠出期間の45年への延長を組み合わせれば、すべての会社員世帯で将来所得代替率は向上する。

そのため、年金局は①＋②を目玉としながら、非正規雇用への厚生年金適用拡大など幅広い給付改善策を「従来とは変えて、財政検証結果発表前から積極的に公表していく方針」（厚労省幹部）という。極めて異例だが、それにより年金の〝炎上〟に対抗する構えだ。

これにより、政権は「悪夢の3年」を乗り切れるだろうか。気になるのは財務省の出方だ。基礎年金には2分の1の国庫負担が行われており、基礎年金の将来給付水準が改善するということはセットで国庫負担も増すことを意味する。仮に①＋②の改革が実行されると、年数兆円単位の国庫負担増が30年代後半から本格化するという。となると、2004年改正での基礎年金への国庫負担引き上げ（3分の1から2分の1へ）の時、社会保障・税の一体改革で消費増税のきっかけになったように、新たな年金改革とともに消費増税論議が浮上する可能性がある。実際に本格化する国庫負担増は10年以上先のため、税制改正法の付則に将来の増税という縛りを書くといった手法も考えられる。

こうした制度改革は必要なものだが、いかんせん国民は負担増を嫌う。年金局が用意している給付改善策も混乱なく受け入れられるかは不透明だ。はたして選挙後は社会保障改革が進展する「黄金の3年」になるか、それとも〝炎上〟続きで先に進まない「悪夢の3年」になるのか。今後の行方は岸田政権の実力次第。その火ぶたは間もなく切られる。

（野村明弘）

「次の3年への責務は大きい」

衆議院議員　首相補佐官・村井英樹

メディアは「黄金の3年」と言っているが、そういう感覚はまったくない。まず参院選をしっかり戦うことが大前提だが、政権運営の一端を担っている側からすれば、安全保障やコロナ対策、経済や社会保障の問題などの課題に、とにかく日々懸命に対応している。

政権発足後は、人生で最も長い9カ月だった。仮に選挙後も政権を続けさせていただくことになれば、次の3年に対する期待や責務は大きいと認識している。

年金の根幹は揺らがず

年金の話をすると、「今の年金制度はおかしくて、将来もらえない」と思う方は多い。しかし、実際は日本の年金制度は、安定的な仕組みになっている。

課題は短時間労働者への厚生年金適用拡大や基礎年金の拠出期間延長などだが、これらは改革というより社会の変化に対応した調整といえる。

次の年金財政検証で将来給付水準見通しが低下しても、それに対する改善策があり、決して年金制度の根幹が揺らいでいるわけではない。

村井英樹（むらい・ひでき）
１９８０年生まれ。埼玉県出身。東大卒業後、２００３年財務省入省。１０年米ハーバード大学大学院修了。

データで見る日本の人口減

２０２１年の日本の出生数は約８１万人と過去最少を記録した。国立社会保障・人口問題研究所の中位推計（１７年）では出生数が８０万人を割るのは３３年の見通しだが、大幅に早まる可能性がある。男性の生涯未婚率は、３０年間で5倍に急上昇した。少子化の進行はとくに東アジアで顕著だが、欧米の主要国でも合計特殊出生率が2を下回る。家族関係支出は出生率と相関する傾向にある。対策は待ったなしだ。

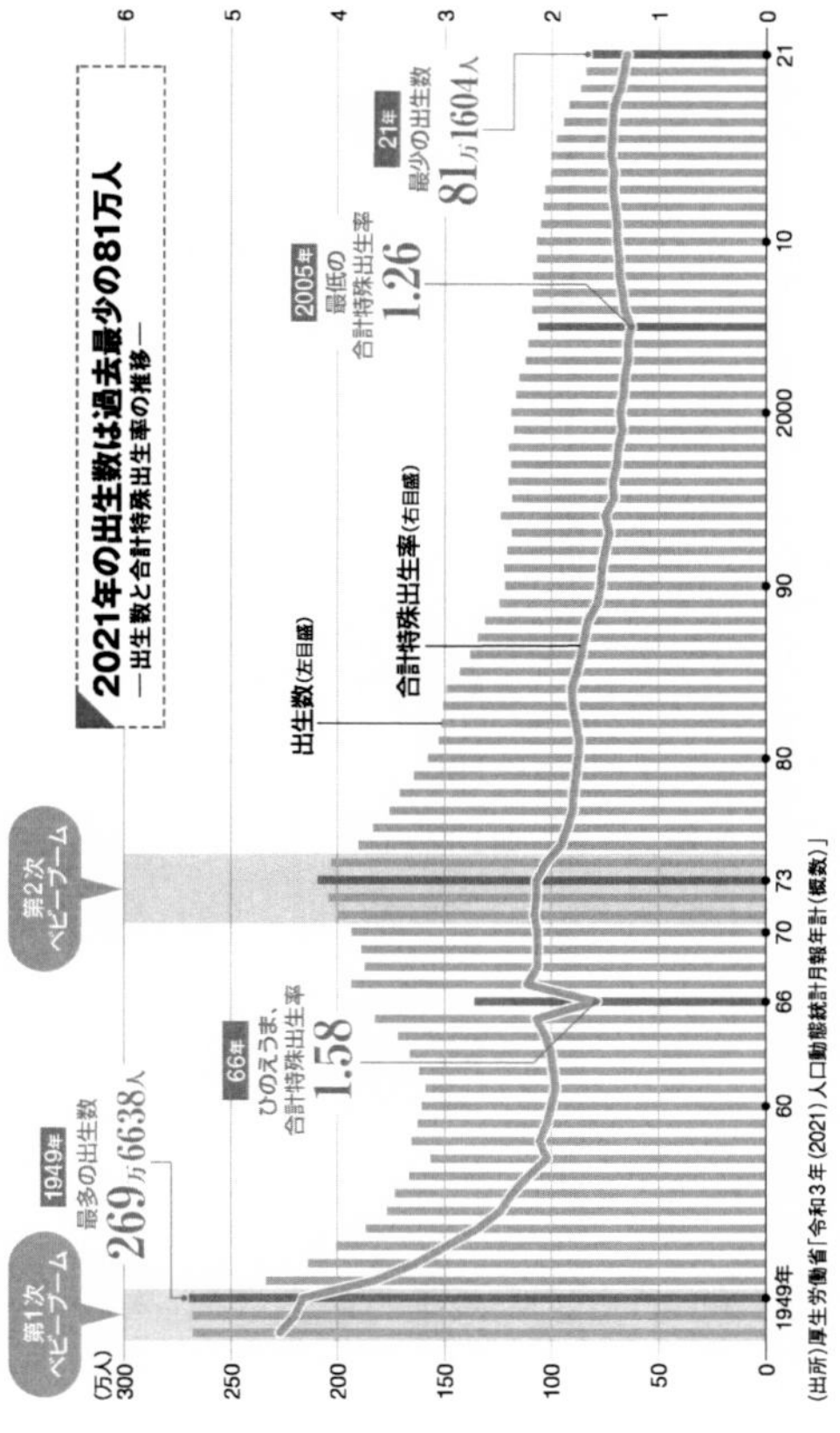

2021年の出生数は過去最少の81万人
―出生数と合計特殊出生率の推移―
第1次ベビーブーム
第2次ベビーブーム
1949年
最多の出生数
269万6638人
66年
ひのえうま、合計特殊出生率
1.58
2005年
最低の合計特殊出生率
1.26
21年
最少の出生数
81万1604人
出生数(左目盛)
合計特殊出生率(右目盛)
(万人)
300
250
200
150
100
50
0
6
5
4
3
2
1
0
1949年
60
66
70
73
80
90
2000
10
21
(出所)厚生労働省「令和3年(2021)人口動態統計月報年計(概数)」

男性の3割弱、女性の2割弱が生涯未婚に
―50歳時の未婚割合―

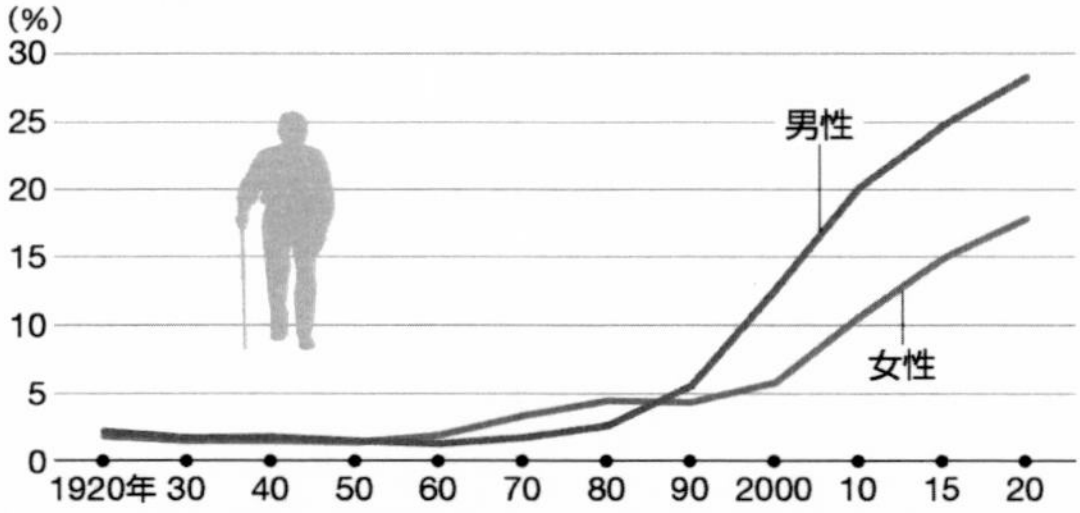

(出所)国立社会保障・人口問題研究所「人口統計資料集」(2022年版)

既婚女性はおおむね2人を産んでいる
―完結出生児数と合計特殊出生率の推移―

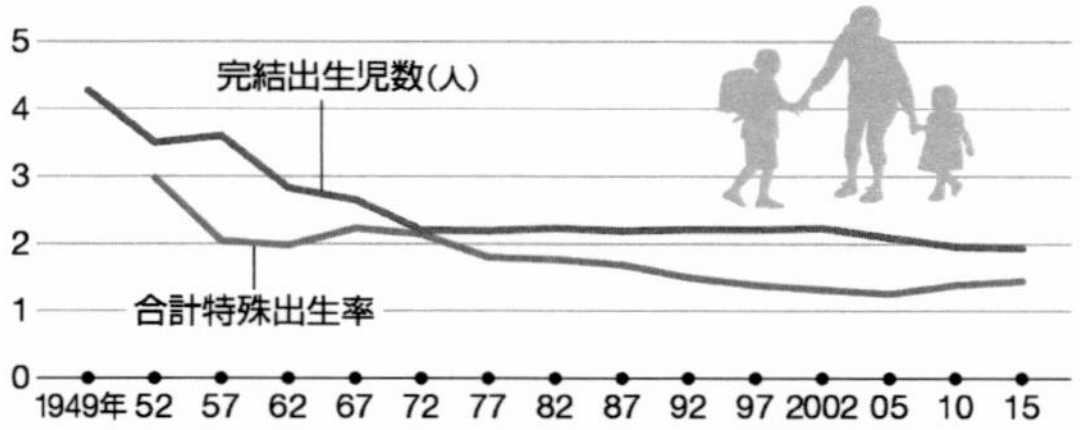

(注)完結出生児数とは、夫婦の最終的な平均出生子ども数(結婚からの経過期間が15～19年)　(出所)国立社会保障・人口問題研究所「第15回出生動向基本調査」、厚生労働省「人口動態調査」

世界的にも出生率2を割る少子化が進行
—諸外国の合計特殊出生率推移—

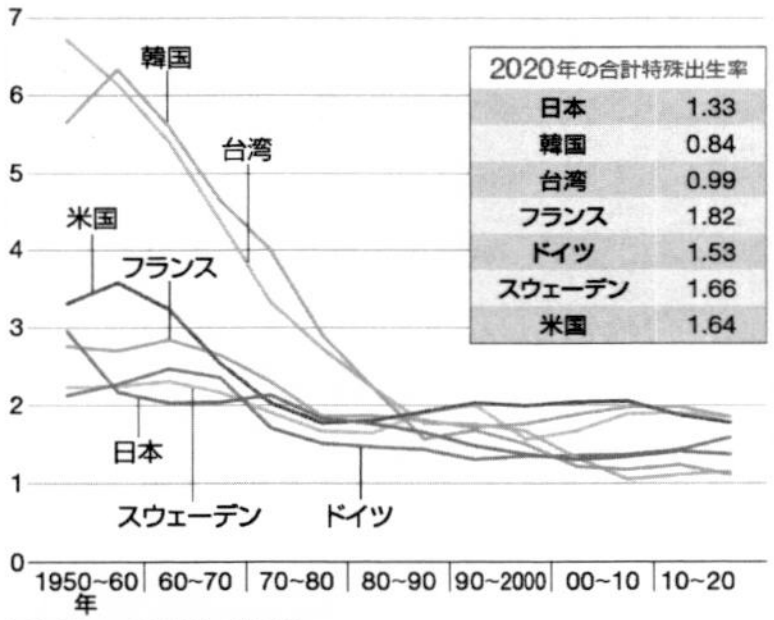

(注)グラフは5年単位の推計値
(出所)国連「World Population Prospects 2019」。2020年の合計特殊出生率は各国統計、フランスと米国の数値は暫定値

日本は子育て支援に関する予算が少ない
—家族関係支出の対GDP比の国際比較—

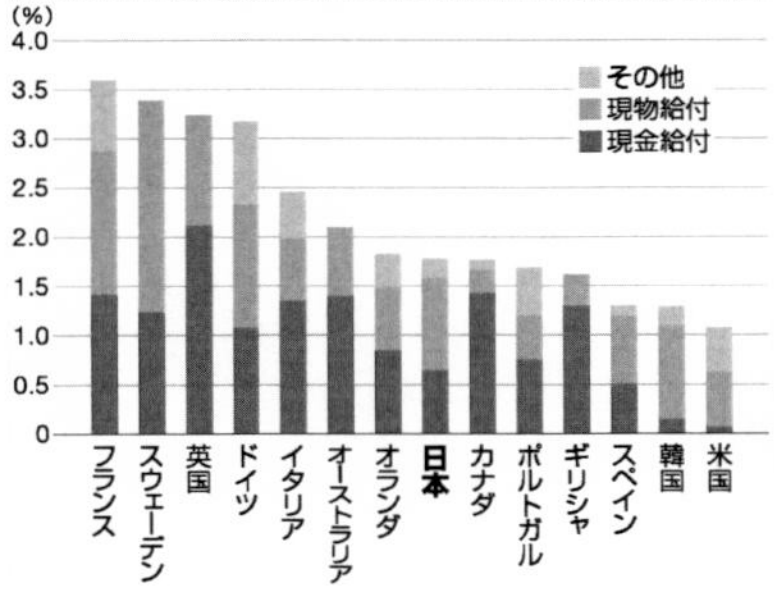

(出所)OECD Family Databaseを基に東洋経済作成

〔キーワード解説〕

【合計特殊出生率】

15～49歳の女性の、年齢別出生率を合計したもの。1人の女性が一生の間に産む子ども数に相当。人口維持には2・07が必要とされる。

【完結出生児数】

夫婦の最終的な出生数（結婚してからの経過期間が15～19年の夫婦の、平均子ども数）のこと。2010年調査以降、2人を下回る。

【ひのえうま（丙午）】

干支の1つ。江戸時代からの迷信により1966年の出生率は1・58に。それを初めて下回った90年以降、少子化対策が本格化した。

【産み控え】

コロナ禍による収入減や感染不安、里帰り出産の制限は、２１年の出生数に影響を与えたとみられる。婚姻数も５０万組と戦後最少に。

【2025年問題】

団塊の世代が後期高齢者（７５歳以上）となる「超高齢社会」を迎える年。社会保障費の増大や医療・介護の逼迫などが懸念される。

【こども家庭庁】

少子化や貧困、虐待など子どもに関する課題に総合的に対応する司令塔となる組織。縦割り行政の弊害打破へ、２３年４月に発足する。

（秦　卓弥）

波乱必至の医療大改革

「中身はまだ何も決まっていないが、かかりつけ医の制度化は短期決戦だ。2023年1月の通常国会には法案を出したい」。厚生労働省幹部はそう力を込める。参院選後の社会保障改革の主要舞台となる全世代型社会保障構築会議（全社会議）。複数の改革が議論されるが、中でも最大の目玉政策がかかりつけ医の制度化だ。

財務省主計局関係者が事情を説明する。「6年に1度の診療報酬と介護報酬の同時改定は2024年4月。かかりつけ医を制度化するなら、医療や介護の報酬体系を大きく変える必要がある。逆算すると23年の国会で制度化の法改正をしておかないと間に合わない」

もう1つ、24年4月からは医師の働き方改革も始まる。勤務医の時間外労働に上限を設けるものだが、医師確保のため、大学病院医局が地域の病院に派遣している医師を引き揚げる動きに出れば、医師不足問題が再燃しかねない。

それに危機感を抱く厚労省医政局としては、働き方改革への対応に追われる前に、かかりつけ医の制度化には一定のメドをつけておきたいという思いがある。

この、かかりつけ医の制度化でも、政府は参院選後の安定した「黄金の3年」を味方につけたいとの思惑だ。しかし、年金改革と同様、このかかりつけ医の制度化でも日本医師会の大反対など壁があり、波乱が予想される。

制度化を目指すワケ

そもそも、政府はなぜかかりつけ医の制度化を目指すのか。

かかりつけ医はプライマリーケアという医療システムの中で中心的な役割を果たす医師だ。もし、あなたが「内科や眼科、整形外科、皮膚科などでいつも行くお医者さんがいる。それがかかりつけ医では?」と考えるなら、答えはノーだ。

■ これから目指す真の「かかりつけ医」とは何か？ ―フリーアクセスとプライマリーケア―

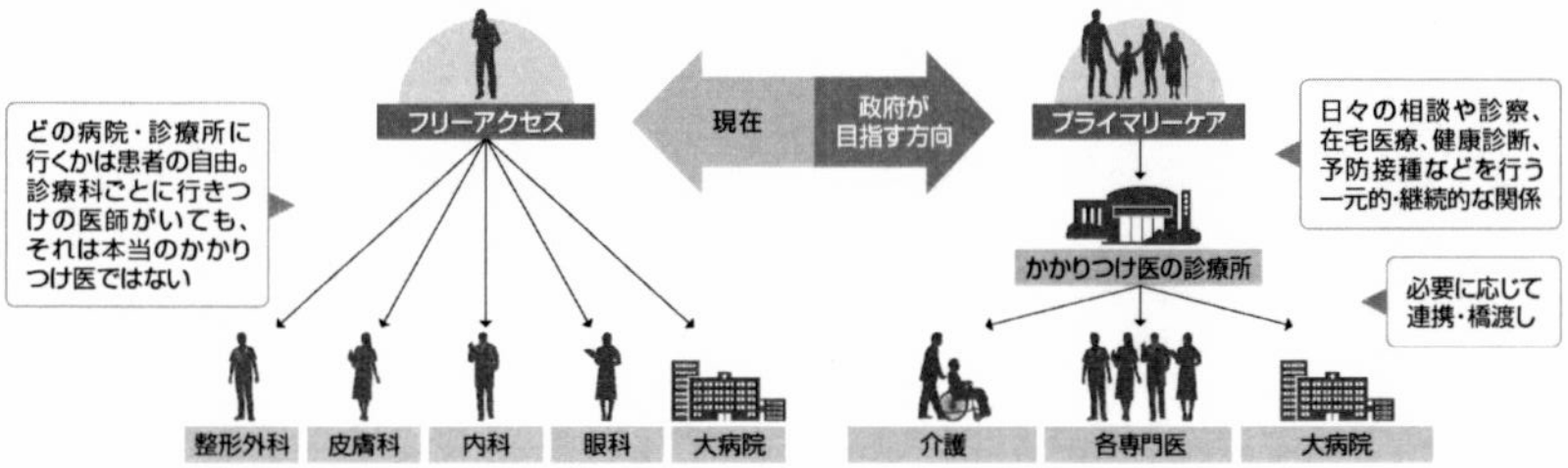

(出所）取材を基に東洋経済作成

現在の日本の医療システムは世界でもまれなフリーアクセスとなっている。どの病院や診療所に行くかは患者が自由に決めることができる。同じ診療科でもあちこちの病院を使い分けている人は多く、そのため、「診療科ごとの行きつけの診療所＝かかりつけ医」というのが現状での一般的認識だろう。

しかし、政府が目指す海外式のプライマリーケアにおけるかかりつけ医は、診療科に関係なく、心身の健康について日常的・総合的に相談に乗ったり診たりする。2018年4月に総合診療医の専門研修医制度が発足し、本格的なかかりつけ医養成も始まっている。

一方、患者の側から見れば、プライマリーケアでは外来医療の入り口がかかりつけ医に一本化されることを意味する。関係は固定的・継続的であり、家族全員が同じかかりつけ医に登録するのが一般的だ。そのため、かかりつけ医は、家庭医と呼ばれることもある。

英国のプライマリーケアのGP（ジェネラルプラクティショナー、かかりつけ医に相当）は夜間・休日対応が必須のため、通常3〜4人でチームを組み、看護師などスタッフとともに同じオフィスを使う。日本の一部の診療所に見られる医療機器の重装備は、GPのオフィスでは見られない。

かかりつけ医の許（もと）では手に負えない重篤な急性症状や、日常的なやり取りの中で発見された重大な病気などについては、かかりつけ医が大病院や専門医（セカンダリーケア）へ患者を紹介・転送する。このため複数の通院先にカルテや検査情報などが散らばってしまう。フリーアクセスとは異なり、プライマリーケアの下では患者の医療健康情報は、かかりつけ医が一元的に蓄積するため、紹介先の病院や専門医は患者の完全な情報をかかりつけ医からすぐに入手できる。その結果、二度手間的な検査や診断などは省略でき、医療システム全体として質の向上や効率化が進む。

高齢者の医療では、介護との連携も重要になるが、在宅医療を行いながら、そうした橋渡しを介護のケアマネジャーと協働して差配するのもかかりつけ医の役割だ。

また、コロナ禍では外来を受け付けない診療所が多く、保健所や入院医療がパンクしたことは記憶に新しい。プライマリーケア制度を持つ諸外国では、日常的な健康診断や予防接種と同様、感染症対応でもかかりつけ医が大活躍している。コロナ禍では日本以上に甚大な被害が出た欧州だが、かかりつけ医は往診したりオンライン診療を活用したりとフル回転した。

このように見ると、なぜ政府が日本でかかりつけ医制度導入を目指すのかは明確だ。医療資源の不足が懸念される超高齢社会化に対し、プライマリーケアの導入による医療機関の機能分担や効率化で乗り切りたいからだ。

また、新型コロナに続く感染症に襲われた際にも、かかりつけ医は威力を発揮するだろう。医療費増加を警戒する財務省だが、かかりつけ医制度についてはフリーアクセスに伴う費用の無駄を軽減できるとあって前向きの姿勢だ。

日本医師会は大反対

しかし、制度化に向けた壁は高い。かかりつけ医の場合、従来の医療行為ごとの出来高払いでなく、対象者1人当たりいくらという包括払い（人頭払い）が一般的だ。これが収入減を招くと日本医師会は警戒し、さらに対象者と医師を固定する登録制にはフリーアクセスと経営の自由を守るため反対の姿勢を示している。

また医療の受け手から見れば、病気にならなくても日頃の総合的な健康管理や、何かあったときの医療対応保障としてかかりつけ医への支払い（健康保険の自己負担分）が発生するため、普段病気になりにくい若者を中心に敬遠する動きが出かねない。また、そもそも現在のフリーアクセスの下では、大病院と診療所の連携は希薄で、情報連携のインフラもない。短期間で本格的なプライマリーケアを日本に導入するのは難しい。

現在、短期決戦で検討されている今後の焦点は次のようなことだ。

・まずは地域限定で始めるか？
・希望する患者と診療所だけで始めてみる？
・診療報酬の体系をどうするか？（出来高払いから包括払いへの変更が必要）

・日本医師会や健保組合の協力は？

登録制のかかりつけ医制度を希望する市民や診療所を対象に限定的に始める案が濃厚で、そのための診療報酬体系の変更も行う。

かかりつけ医制度は国民の目に見える形で医療の質や満足度を向上させる可能性がある。それだけに政府は早急に現状の課題と政策案を提示し、合意形成を図っていく必要がある。

（野村明弘）

全世代型社会保障構築会議メンバーが語る

【対談】社会保障改革はどうなる?

上智大学　教授・香取照幸
慶応大学　教授・権丈善一

社会保障改革を主導する全世代型社会保障構築会議（全社会議）。キーマンである上智大学の香取照幸教授と慶応大学の権丈善一教授が対談した。

・かかりつけ医の制度導入、医療特区で始めてもいい（香取氏）
・政治の危機はむしろ社会保障改革の好機だ（権丈氏）

――次の財政検証では年金の将来所得代替率（現役世代の手取り収入額に対する年

金額の比率）が50％を割りそうです。

【香取】年金制度にとって人口動態がどうなるかは制度外にある条件であって、それに応じてマクロ経済スライドによる給付水準の調整幅が変わるだけだ。マクロとしての年金システムは機能し続ける。

問題は、与えられた人口動態の条件下でいかに給付水準を改善するかだが、やるべきことは前回・前々回の財政検証の中で示している。一言で言えば、付加価値を生む人を増やすこと。1つは健康寿命の延びた高齢者や女性の労働参加拡大やその雇用の質向上。もう1つは若年層の非正規雇用状況を改善すること。働く人を増やせば出生率向上と同じ効果がある。

個人の側では、引退を遅らせようという人は増えており、繰り下げ受給制度を使えば年金額を増やせる。さらにはiDeCo（個人型確定拠出年金）もある。年金は、かなりの部分を自分でコントロールできるようになった。以前のようには「出生率低下で年金が大変だ」と騒ぎにならないのでは。

【権丈】振り返れば、社会保障改革は結構進んできている。社会保障は分配問題であり、改革はゼロサムの中で行われるため関係者間の「力」が物を言う。短時間労働者への厚生年金適用拡大も、昔は反対する業界が強く、進まなかった。それが今や企業の適用除外要件を全部なくそう、とまでなっている。

背景には、労働力希少社会を迎えて労働市場が逼迫してきたことがある。さらに選挙制度改革による組織票の影響力低下と各団体の集票力低下の影響もあるだろう。

——参議院選挙後は「悪夢の3年」になりませんか。

【権丈】これから政治の危機になるというが、社会保障は分配を手段とした統治システムだ。統治の危機が来れば、逆に改革が一気に動き出す可能性もある。

1961年の国民皆保険・皆年金は、野党第一党だった日本社会党が最大議席のときに誕生した。育児休業制度や介護保険制度、社会保障・税の一体改革も政治が大混乱する中で生まれた。今後3年、政治が安定すれば、逆に何も動かないかもしれない。

――医療では、かかりつけ医制度の導入が今後の目玉です。

【香取】今の日本のシステムでは、医者に行くか否かやどの診療所・病院に行くかを決めるのは患者だ（フリーアクセス）。これが前提だと本当のかかりつけ医は機能しない。休日や夜間でも必ず往診してもらえる仕組みと、患者が勝手にあちこちの医者のところへ行くシステムとは、両立しないからだ。

範囲と費用保障の問題

普段具合が悪くなくても対象者と日常的な接点を持ち、健康診断や予防接種を行ったり、何かあったら対応したりするのがかかりつけ医だ。そのため、治療だけでなく予防や相談を含めた包括的な健康管理全体に報酬を支払う制度をつくる必要がある。今の診療報酬体系では診察や治療が行われないと支払われない。

かかりつけ医というと、すぐに人頭払いだ、登録制だという議論になるが、その前にまずかかりつけ医が行うことの範囲を決め、それにふさわしい費用の保障を行う仕組みをつくるべきだ。

日本医師会も制度化には反対だが、かかりつけ医の普及自体には賛成しているのだから、必ず着地点は見つかると思う。


【権丈】政策的支援がさほどないのに、すでに地域医療の中での連携やプライマリーケアを行っている医師はかなりいる。彼らは進化上の突然変異にも似て、いわゆる好事例なのだが、周りからはそうみられず、出る杭とか余計なことをすると思われているかもしれない。自然界では自然環境が進化を促すが、政策の世界では制度が彼らを適者とする役割を担う。制度設計者の役割は重要だ。

全社会議の中間整理には「時間軸」を持って「患者の視点に立ち」改革を進めるべきだとある。今の時代のニーズに合った医療を提供する人たちに、手挙げ方式で徐々に切り替えていく。あの会議で首相も「かかりつけ医機能が発揮される制度整備」を行うと発言。進むだろう。

【香取】かかりつけ医というのは医療保障の仕組みであり、入院機能など地域の医療ネットワークの要となる。だから、対象者に関する医療健康情報を一元的に管理・保有する人になる。何かあれば、紹介先の専門医はかかりつけ医から対象者の情報を入手して治療に当たる。つまりＰＨＲ（個人健康情報）の整備や情報連携とセットで考える必要がある。

かかりつけ医の役割は非常に重層的で、①専門医や大病院などとの縦の連携、②介護や保健など医療を超えた横の連携、③通常医療とコロナのような感染症医療の双方の対応、という役割を担う。

情報インフラや地域連携の現状を考えれば、かかりつけ医制度を２３年から全国でやれと言っても無理だ。基幹病院を中心に医療圏の中で診療所との連携ができている地域から手挙げ方式で始めるのが現実的だろう。その地域内で健康保険組合と医療界が合意してかかりつけ医の登録を始め、そこだけ別の診療報酬体系にする、といった一種の医療特区を考えてもいい。

（聞き手・野村明弘）

香取照幸（かとり・てるゆき）
1956年生。80年東大法学部卒、厚生省（現厚生労働省）入省。年金局長など歴任。2020年から現職。著書に『教養としての社会保障』など。

権丈善一（けんじょう・よしかず）
1962年生。85年慶応大学卒。2002年から現職。社会保障国民会議委員など歴任。著書に『再分配政策の政治経済学』シリーズなど。

「産めよ殖やせよ」は時代錯誤

人口減時代の改革プラン

「昔は戦争のために国は『産めよ殖やせよ』と言った。今は経済成長や高齢者の社会保障を支えるために同じことを言っている感じがして気持ちが悪い」（20代女性）

少子化対策は難しい。先進的な子育て支援で先行した欧州だが、一部では再び合計特殊出生率が低下する傾向が見られる。子どもを持つことは究極の個人の選択だ。そこに国家はどこまで関与できるのか、あるいはすべきなのか。

確実にいえるのは、少子化と人口減少は、私たちの社会の制度や慣習が抱える問題の映し鏡ではないかということだ。人が生きにくい社会なら人は増えない。であれば、そうした制度や慣習を現代の生活に合った形に変えていくことを優先政策とすればよいのではないか。

それは決して、人口対策ありきの「産めよ殖やせよ」ではない。人が生きやすい社会に近づけば、自然と人は増えるだろう。

古い慣習や規範の打破

日本社会には出生率を抑制している古い社会構造がたくさん残っている。

【日本型雇用慣行】
・職務無限定で長時間労働
・低賃金の非正規雇用増
【遅れる男女共同参画】
・子育てに関わらない男性
・自分以上の所得の男性を求める女性
【古い家族観】
・子育ては親の責任

・事実婚や婚外子を認めない

「メンバーシップ型」と呼ばれる日本独特の雇用慣行では、社員の職務が限定されず、転勤や長時間労働を強いられる。若い世代では共働きが当たり前となった今、これでは子育てができない。夫婦共に正社員でバリバリ働く「パワーカップル」ならなおさらだ。

一方、日本の企業社会ではメンバーシップから漏れた労働者は、低賃金の非正規雇用者となるのが一般的だ。これは低所得カップルが経済的な理由から子どもを持ちにくいといった問題を生んでいる。

第2次安倍晋三政権以降、「女性の活躍」や「働き方改革」が叫ばれ、日本型雇用慣行にメスを入れる取り組みは進んだ。

だが、経済成長のため男性並みの長時間労働を女性にさせるのが「女性の活躍」というのなら本末転倒だろう。むしろ生産性を多少落としてでも男女が平等に子育てしながら働く文化が必要だ。また、育児休暇などがキャリア上のマイナスになる評価制度であってはならない。企業収益だけに目線が行きがちな経営陣に対し、労働組合のチェック機能は欠かせない。

古い制度や慣習は企業社会だけではない。高齢世代の持つ規範や価値観が現代の若者に合っていない部分も大きい。22年6月に発表された「2022年版男女共同参画白書」が強調したのは「もはや昭和ではない」だった。

古い世代にとって、子どもを持つことは社会のためであり、子どもがいて一人前という感覚がある。対して若い世代では、もっと自由に、家族や子どもを持つこと自体の満足を重視する。「夫婦別姓に反対」といった保守派政治家の主張は若い世代に届きにくいだろう。

一方、若い世代でも、共働きなのに子育てに関わらない男性がいまだ多かったり、男性並みの所得がある女性ですら昔のように男性に自分以上の所得を求める傾向があったりする。社会全体が古い規範から新しい規範への過渡期にあるということだろう。

そうした中で、今後の出生率に大きく関係しそうなのが、同棲婚（事実婚）に対する若者の意識の変化だ。　若い世代ほど法律婚にこだわらず、　同棲婚を肯定する割合が高い。

北欧など欧州で出生率が改善した大きな要因は、まさに同棲婚の婚外子が増えたことだった。生まれてくる子どもの半数以上が婚外子という国も少なくない。欧米では、同棲婚はごく一般的なカップルの形態であり、それを経て法律婚に至るケースも多い。

若年層は事実婚や同棲に寛容
―「事実婚や同棲よりも結婚（法律婚）すべきである」に反対する人の割合―

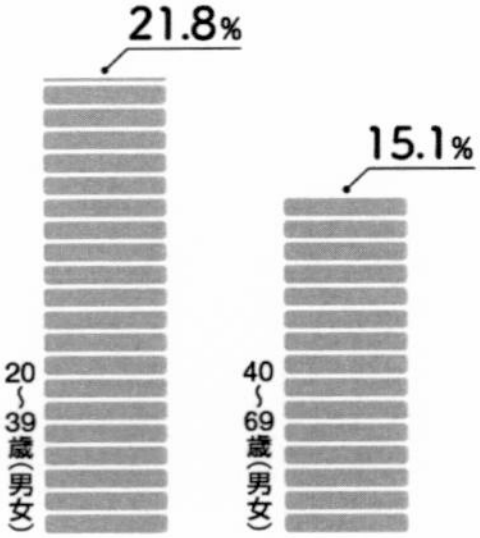

（出所）内閣府「2022年版男女共同参画白書」のデータを基に東洋経済作成

欧米では、同棲婚は法律婚の準備的位置づけに
―スウェーデンのカップル形態の割合―

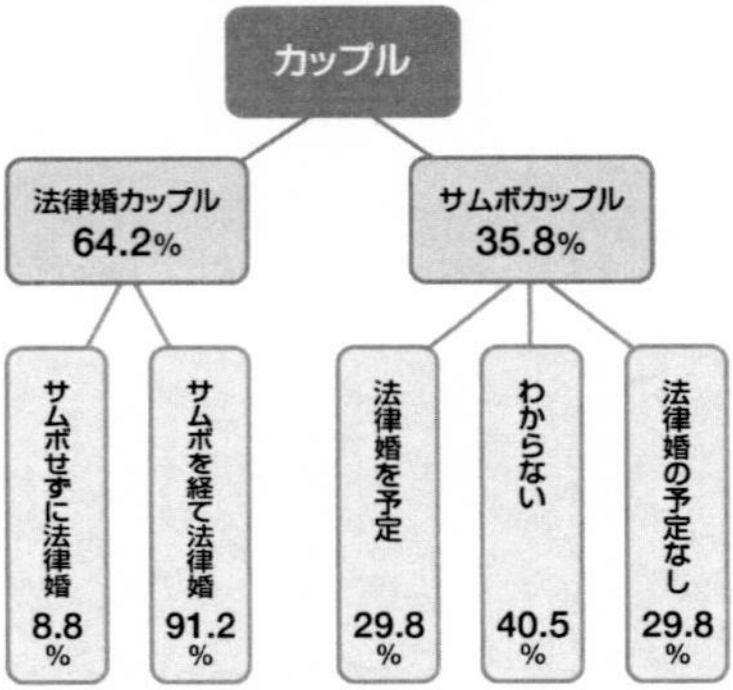

（注）サムボはスウェーデンの事実婚制度
（出所）内閣府経済社会総合研究所編「スウェーデン家庭生活調査」（2004年）

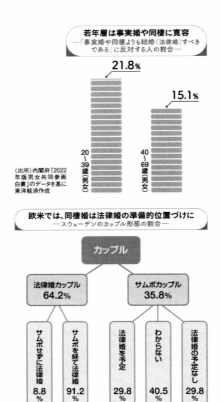

スウェーデンのサムボ法（１９８８年施行）では、結婚せずに別れた場合でも住居や家財を平等に分けることを定め、婚外子に対しても差別なく法律婚の子どもと同等の権利を保障している。フランスのＰＡＣＳ（連帯市民協約、９９年制定）も同様だ。欧米では同棲婚カップルの生活を保障するこうした制度が確立されている。

注目すべきは、こうした国々では同棲婚の増加により、初婚年齢が低下していることだ。

日本では法律婚カップルの子どもの数自体は最近若干減少傾向にあるものの、平均２人弱を維持している。少子化の要因としては未婚率の上昇や晩婚化が指摘されているが、日本でも法律婚の準備期間としての同棲婚が広がれば、家族形成が活性化する可能性がある。

もちろん、すぐに日本社会全体が同棲婚を推奨するほどのムードになるかは微妙だが、若い世代の意識が確実に変化しているのは事実だ。欧米のように柔軟な家族形成を保障する制度作りを進める時期が来ているのではないか。

人口減をプラスに転化

人口減少を味方につける経済システムをつくるという視点も大事だ。

【希少な労働力】

・健康寿命の延びに応じた高齢期の引退先延ばし

・女性の活躍

・人材への投資・教育

・フレキシブルな働き方と雇用の質向上

【経済・社会保障】

・勤労者皆保険化と社会保険料の価格転嫁

・労働力への分配を重視

人口動態には慣性の力が働く。仮に今後、出生率が多少改善しても若年女性数が大幅に減っているため、出生数は減少を続けてしまう。また、もし出生率が人口を維持するのに必要な2・07以上に急回復しても、ここで生まれた世代が子どもを産み始めるまでの数十年間の人口減少は避けられない。

つまり、人口減少とは長期間付き合わざるをえない。であれば、それをプラスに転化する経済システムや社会保障制度に変えていくことが必要だ。

ここで強調したいのは、人口が減るから公共サービスや道路・橋などインフラの維持を減らせといったネガティブな話ではない。人口減少は放っておけば、従来のように国内市場の縮小などの縮み思考につながり、需要不足気味の「デフレ経済」を長期化させる。

しかし、人口減少は労働力の減少や希少化を意味することも忘れてはならない。これは、やりようによっては欧米のように賃金と物価が一緒に上がる社会へシフトさせる好機になりうる。

例えば、政府が進める勤労者皆保険。短時間労働者への厚生年金適用拡大を進め、現在ではフリーランスやギグワーカーへもその網を広げようという議論が始まっている。

これは、企業にとって社会保険料負担が発生することを意味し、多くの経営者はネガティブに捉えている。しかし、このコストアップは希少な労働力に必要とされる付加価値値という側面もある。最低賃金の引き上げや人材への投資・教育も同様の意味を持つ。健康寿命の延びに応じた高齢期の就業や、子育て期を含めたフレキシブルな働き方に対して処遇改善を行うことも同じだ。

企業がこうしたコストアップを製品・サービスへ価格転嫁し、社会がこれを積極的に受け入れていけば、個人の所得環境は好転し、社会保障の充実により生活や将来への不安も軽減される。結果、需要主導型の経済活性化が期待でき、人口減少期の経済成長を底上げする重要な方策になる。

もちろん、きれい事ばかりではない。社会を変えるためには、税や社会保険料での負担増による財源も必要になる。先進国の中で劣後する日本の子育て支援を増やすためには、税や社会保険料などの財源論を同時に進め、マイナンバー制度やデジタルの活用により、課税や給付の仕組みを効率化することが重要だ。

目下の参院選でそうした財源論を展開する政党は僅少だが、それを行ってこそ、責任ある政治といえるのではないか。

（野村明弘）

「出生率2・9」子育てに選ばれる町

岡山空港から車を走らせること2時間。中国山地の山中に、全国トップクラスの合計特殊出生率を誇る町がある。岡山県奈義町の出生率は2・95（2019年）。子持ち世帯のうち半数以上が子どもを3人以上持つ。

「子どもが小さいタイミングでこの町にいられて運がよかった」。そう語るのは、自衛官の夫と一緒に町内にある日本原駐屯地に赴任してきた女性だ。現在、奈義町で2人の子どもを育てている。

奈義町では18歳まで医療費は無料などの手厚い育児支援はもちろん、住民のニーズに合わせた多様なサービスを提供している。例えば、自主保育施設「たけの子」では、親たちが保育士と一緒に、輪番制で子どもたちの世話をする。

奈義町の人口は6000人弱だが、そのうち約1割が自衛隊関係者。「たけの子」利用世帯のうち4割も自衛隊関連世帯で、次の赴任予定がわからない中、保育園などに入園させずとも子どもを預けられ、同世代の親たちとの交流もできると利用者からは好評だ。

「安心して子育てできる環境があれば、子どもは自然と生まれてくる」。町役場の担当者がそう話すように、上の子を安心して育てることができれば、自然と、第2子、3子も産んでくれるという。

高齢者説得し育児支援

奈義町が子育て支援に熱心な背景には、「人口を維持しないと町の暮らしが維持できない」という人口減に対する強い危機感がある。

今でこそ独自の子育て施策が好評の奈義町だが、20年前は町存亡の危機に立たされた。平成の大合併が全国で進む中、奈義町でも2002年に市町村合併の賛否を問う住民投票が行われ、結果、単独町政を維持する選択をした。

だが、町の人口は1985年を境に減少が止まらない。人口が減ると、商店や病院など生活に必要なサービスが維持できなくなり生活に不便が生じる。とくに不利益を被るのは生活圏が狭い高齢者だ。大々的な子育て支援策を実施するに当たり、同町は高齢の住民にこれを地道に説いて回った。

以降、子育てや移住の支援といった施策に注力。2006年に1・43だった出生率は徐々に上昇。年ごとのばらつきはあるものの、08年以降はおおよそ2・0以上で推移するようになった。「単独町政を選択したからこそ、悪い状態にして次の世代に渡すわけにはいかない」。町長の奥正親氏は語る。

同町の人口減問題は完全に解決されたわけではない。高校がない奈義町では、進学に伴う転出が避けられず、毎年一定数の若者が流出してしまう。

そのため現在は子育て施策のほかにも、定住支援として住宅を格安で提供している。津山や美作（みまさか）などの近隣都市へ通勤する人に、居住地として奈義町を選んでもらう作戦だ。2・95の高い出生率は、生き残りを懸けた町の努力の賜物といえる。

（吉野月華）

結婚、出産は「人並み」重視

中央大学文学部　教授・山田昌弘

毎年6月、前年の出生数が公表されるたび、年中行事のように少子化が話題になり、少し経つと忘れられる。３０年以上前から認知されていた問題にもかかわらず、「若者の価値観が変わった」「女性の社会進出が」といった同じようなタイトルの記事が躍り、「育児支援の充実を」で締めくくられる。

「１・５７ショック」という言葉が作られ、合計特殊出生率という専門用語が一般化したのは１９９０年のこと。そして、少子社会という言葉で、少子化に警鐘を鳴らした『国民生活白書』が出たのは、ちょうど３０年前の９２年である。その後３０年間、合計特殊出生率は１・２５～１・５０の間にあり、多少の上下はあるものの低位で安定している。少子化の最大の要因である未婚率は上昇傾向にあったが、2000年ごろから若年者の未婚率上昇は頭打ちになり、こちらも安定している。

大ざっぱに言って、若者の4分の3は結婚して子どもを2人産み育て、4分の1は未婚（多くは親と同居）にとどまるという構造は、ここ30年ほとんど変わっていない。その結果が合計特殊出生率の低位安定なのである。

では、今起きていることは何か。1つは、少子化となってから「1世代」が経過したことにある。今までは、少子化以前の時代に生まれた若者が子どもを産み育てていた。とくに人口の多い団塊ジュニア世代（71〜74年ごろ生まれ）が出産期にあった。だから少子化の影響は緩和され、出産数の減少は大きくなかった。

しかし今後は、少子化時代に生まれた世代が出産世代となる。つまり、子どもを産む若者自体の数が減少していくのだから、構造が同じであれば右肩下がりに子どもの数は減っていく。これは避けられず、以前から予測されていたから驚くことはない。

ただ、コロナ禍の影響があったとはいえ、いざ「出生数81万人」という数字を突きつけられると、その深刻さがわかる。ちなみに、2021年の大学・短大入学者数は約68万人だ。

今起こっているもう1つのことが、未婚者の高齢化である。30年前の未婚化世代の若者は、歳を取って中年期にさしかかっている。私が25年前にパラサイトシングルと名付けた「親同居の若者」は年齢を重ね「中年親同居未婚者」となる。2015年の時点で35〜44歳の親同居未婚者は、300万人を超えている。

若者の4分の1が未婚にとどまる原因も、30年間ほぼ変わらない。それは、若者の経済状況の悪化、正確に言えば若者間の経済格差の定着である。1992年のバブル経済崩壊後、経済停滞が続く。その停滞のツケは、つねに若者の一部が払ってきた。93年ごろからの「就職氷河期」に始まり、97年のアジア通貨危機後には、派遣社員など非正規雇用者になる若者が増大した。

2008年のリーマンショックでは、製造業を中心に大量の派遣切りが行われ、近年のコロナ禍では飲食や観光、接客業に従事する若年女性の失業、経済的苦境が明らかになった。また、名ばかり正社員、ブラック企業など、正社員でも低収入で労働環境が悪い状態の人が出現している。

その結果、安定した正規雇用に就けない若者、つまり、非正規雇用者の若者が増大した。将来見込まれる収入が安定している若者と不安定な若者との格差が、この30年で定着したのである。

日本人は（投資より預貯金を好むように）将来の生活における経済的「リスク」をたいへん嫌う。結婚して新しい生活を始めること、お金のかかる子どもを産み育てることは、生活者から見れば、「リスクフル」な選択である。将来「人並み」の生活が成り立たなくなるリスクがあれば、結婚も出産も控える。これが少子化の根本原因である。

「世間体」を重視する日本

とくに、日本社会は世間体意識が強く、自分の子どもにつらい思いをさせたくないと考える。自分が受けた以上のことを子どもにしてあげたい、子どもの進学のときに

「お金がないから学費は出せない」と言いたくない。だから、将来にわたって安定した収入が見込まれるという見通しがなければ、子どもを設けない、結婚しない、そもそも恋愛もしないため、少子化、未婚化が起きるのだ。

そして、「もはや昭和ではない」（令和4年版 男女共同参画白書）にもかかわらず、いまだ、戦後昭和型の状況を前提とした制度、慣行、意識が残っている。「男性の収入が家計を支える」というものだ。さらに、近年は、男性が女性にある程度の収入を求める傾向も強まっている。結婚相手に求める収入のデータを10年と19年で比べると、女性が相手に求める収入はほぼ変化がないのに対し、男性が女性に求める収入レベルが上昇していることがわかる。この構造を、多少の育児支援の充実で変えることはできないのは明白である。

男性が女性に求める収入レベルは上がっている
―結婚相手に求める収入(2010年、19年の調査)―

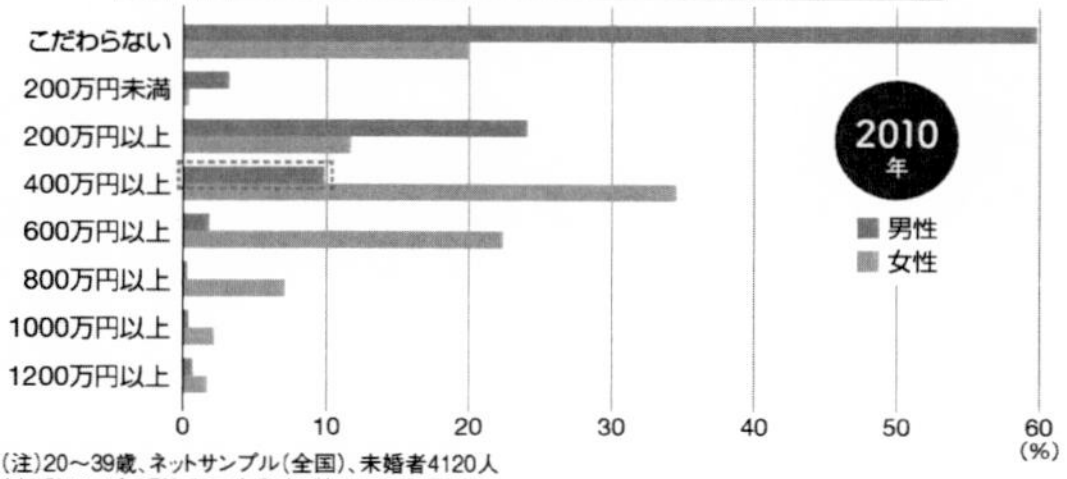

(注)20～39歳、ネットサンプル(全国)、未婚者4120人
(出所)2010年明治安田生命生活福祉研究所調査

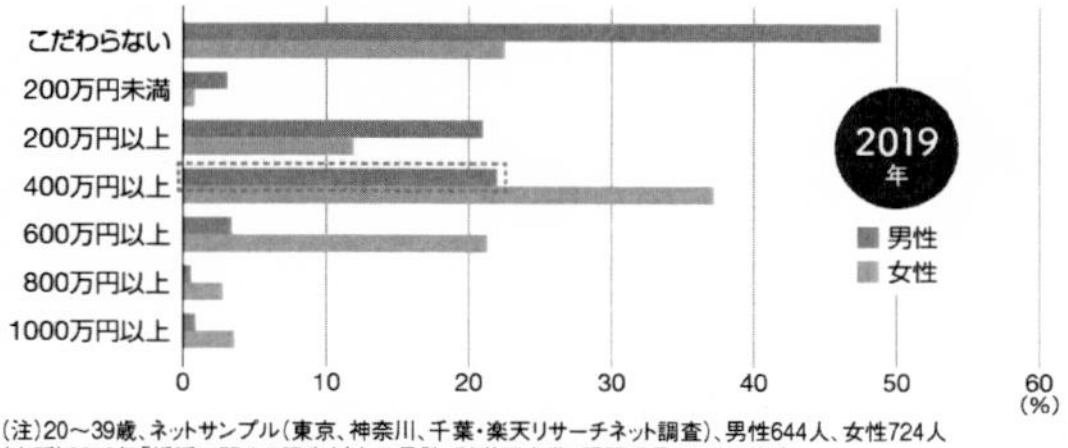

(注)20～39歳、ネットサンプル(東京、神奈川、千葉・楽天リサーチネット調査)、男性644人、女性724人
(出所)2019年「婚活に関する調査」(山田昌弘、科学研究費、課題番号20HO1581)

ハンガリーのオルバン政権は、少子化対策を打ち出し、合計特殊出生率を改善したことで注目されている。だが、そのために若者支援に投入した金額は、年GDP（国内総生産）の約5％にも及ぶ。日本でいえば、なんと25兆円相当である（ちなみに日本の少子化対策家族関係予算はGDPの1・3％程度、ヨーロッパ諸国は2～3％程度である）。

それだけの思い切った対策を打てるのだろうか。日本は個人であれ政府であれ、目前のリスクにはお金を使うが、20、30年後に必ず顕在化するリスクは見て見ぬふりをする。もうこのまま少子化を受け入れざるをえないのかもしれない。

山田昌弘（やまだ・まさひろ）
1957年生まれ。東京大学文学部卒業。東京大学大学院社会学研究科博士課程単位取得退学。現在、中央大学文学部教授。専門は家族社会学。『パラサイト・シングルの時代』など著書多数。

SNSでは「産め圧力になる」と批判も

伊藤忠「社員の出生率」公表の真意

伊藤忠商事が公表した「ある数字」が、波紋を呼んでいる。

伊藤忠は4月、これまで取り組んできた女性活躍推進の進捗状況などについて記したリリースを発表した。その中に記されていたのが、2021年度における社員の期間合計特殊出生率「1・97」という数字だった。日本の21年の出生率1・30を大きく上回っている。同リリースでは出生率を「今後の当社の女性活躍推進においても重要指標」だと位置づけた。

これに対し、SNS上では賛否が分かれた。「就活の参考になる」という声がある一方、「国と企業では公表する意味が違う。子どもを産めという社員へのプレッシャーを感じる」との意見もあった。伊藤忠が出生率を公表した真意はどこにあったのか。

5月末に開催された働き方に関する説明会で、伊藤忠の社外取締役として女性活躍推進委員会の委員長を務める村木厚子氏はこう見解を示した。「仮に企業が目標出生率を設定しているなら見当違いだが、企業における実際の出生率のデータを把握することは、非常に重要」。そのうえで、「妊娠・出産時に『会社に迷惑をかけてしまうのでは』と悩んだり、『上司にどう報告しよう』とプレッシャーを感じたりする女性社員が多い中、高い出生率を公表することで悩みを払拭できる」(村木氏)と公表の目的を語った。

試行錯誤の女性活躍

海外との商談や出張は当たり前の総合商社。10年ほど前まで、伊藤忠で女性社員が出産後も働き続けるハードルは高かった。そこで10年からは、働き方改革の1つとして子育てをしながら働き続けられる風土の醸成に努めてきた。

その一環として2013年に導入したのが、朝型勤務体制だ。20時以降の勤務を原則として禁止し、5〜8時に勤務した場合には深夜残業と同様に割増賃金を支払う、朝食を提供するなどのインセンティブをつけた。現在、8時前に出社する社員は5割を超える。

5月からは9〜15時を必ず勤務すべき時間帯とする「朝型フレックスタイム制」と在宅勤務を導入。これにより、朝5時から自宅で働いて子どもを保育園へ送り、それから出社して15時に退社する、といった働き方が可能になった。

ポイントとなるのは、この制度を女性に限らず全社員が利用できるようにしたこと。執行役員人事・総務部長の的場佳子氏は「結局、『ママ向け』の勤務体系や休暇をつくっても女性は利用しにくい。性別にかかわらず企業全体の風土を変えていくことで、女性が自然と活躍できるようにしなくてはならない」と語る。

こうした施策の効果を検証する過程で出てきたのが、女性社員から提出された出生届を基に算出された出生率だ。過去にさかのぼってみると、働き方改革を始めた2010年度当時は出生率が0・94と国全体の数字よりはるかに低かったのに対し、改革が奏功し始めた13年頃から上昇し、直近では1・97まで上がっていたことが判明。公表に至ったという。

もっとも、伊藤忠の取り組みは道半ばだ。女性従業員の割合は25%と日本企業の平均と大差ないものの、総合職に限ればわずか1割と低い。さらに、「女性への配慮は確かにあるが、男性は問答無用に近い形で異動や海外転勤をさせられるなど、男女ともに働きやすい職場にはなっていない」（30代の男性社員）との指摘もある。

子どもを欲しい人が産める社会をつくるうえで、企業の果たす役割は大きい。優秀な人材を獲得するうえでも、出産や育児がキャリアの妨げにならない環境の整備は急務だ。

（印南志帆）

INTERVIEW

「ケアの〝脱家族化〟と移民受け入れがカギ」

京都大学大学院文学研究科　教授・落合恵美子

新型コロナの蔓延は、一斉休校や在宅勤務などで私たちの日常を一変させた。ここから見える日本の少子化への処方箋とは。

コロナ禍において、育児や家事などのケアがいかに担われてきたかの調査を2回行った。1回目は緊急事態宣言下における在宅勤務の実態調査。2回目は自宅療養の調査だ。これらの調査で判明したのは、家族のケア負担がやはり女性に偏っているという事実だ。

しかも、2回目の調査での「自宅療養者のケアをしていたときに、自分は仕事ができたか」という質問に対して、回答に男女差があった。「テレワークをした」と回答したのは男性が多く、「休んだ」は女性が多い。しかも、有休ではなく無給休暇となった人の割合は圧倒的に女性が高い。女性に多いパートなど非正規社員は無給で休まざるをえなかったのだ。

「脱家族化」できない日本

コロナ禍は異常事態だが、ここからはケアを家族、とくに女性が自己犠牲というコストを払って抱えてきた通常の日本社会の姿があぶり出される。日本の少子化対策のカギはここにありそうだ。

ケアの「脱家族化」という言葉がある。家事・育児などのサービスや費用を核家族だけで担う状態から、親族、国家、市場、NPO（非営利組織）などのコミュニティーへ拡大させることだ。欧米諸国では1970年代以降にケアの脱家族化が進み、欧州では福祉国家が、米国では市場が、近代以降ケアを担ってきた家族の役割を分担した。

アジアに目を転じると、シンガポールは家事労働者を雇うなど、米国的な市場による脱家族化を進めた。そして日本、韓国、台湾は、欧州型の福祉国家を目指してきた。日本はいち早く福祉国家に近づいたが、中曽根政権時代に「日本の家族は強くてすばらしいから、国家による福祉は不要」という建前で新自由主義的方向が打ち出され、欧州並みにはなれなかった。

その裏付けとなったのが「ケアは歴史的に家族が担ってきた」という言説だが、これは誤りだ。1960年代の初めまで、日本でも女中や子守りなどの他人を家庭に入れてきた。しかしその後、日本はきまじめにケアを家族化し、今も維持している例外的な国になってしまった。

この日本社会で出生率を上げようと思ったとき、必要なのは無償で行われているケア労働に報いる制度をつくること。例えば、育児中の人には保険料の支払いを免除する。冒頭の例のように、ケアのために休業するときは、無給にならないケア休暇とする。ケア労働をGDP（国内総生産）に換算していくことも必要だろう。ケアコストを内部化した経済を実現するのだ。

ケアの脱家族化はサービスと費用の両方で必要であって、しかも負担する費用の対象を広く取らないと出生率の向上にはつながらない。例えば韓国は、保育園を拡充し無償化するなど急激に脱家族化を進めたが、出生率は世界でも最低で1を切る。教育費の無償化が進んでいないからだ。教育に加え、医療、住宅の心配がない社会にすれば人口は増えるだろう。

また、出生率上昇と移民受け入れはセットで議論されるべきだ。移民は働き盛りのときに来てくれるため、受け入れ国が育成コストを負担しない、ある意味「お得」な仕組みだ。「移民はコスト」なんてとんでもない。しかも、働き盛りの世代は子どもの産み盛りでもある。現在、日本では外国籍の子どもを義務教育の対象にしていないが、彼らをきちんと教育して、将来の日本を支える仲間になってもらいたい。

（構成・印南志帆）

落合恵美子（おちあい・えみこ）
1958年生まれ。80年東京大学文学部卒業。87年、同大大学院社会学研究科博士課程満期退学。2004年から現職。

「所得制限」で少子化加速？

貧弱な日本の子育て支援策

「令和4年10月支給分から、児童手当制度が一部変更されます」

都内に住む佐藤孝司さん（40代・仮名）は、届いた封筒を見て怒りが湧いた。派遣社員の妻と、小学生と保育園児の3人の子どもがいる佐藤さんの家庭には、これまで児童手当の特例給付が子ども1人当たり月5000円、年間18万円支給されていた。それが、10月支給分からゼロになるからだ。

10月に改正される児童手当法では、児童手当の対象外となる高所得層に支給されていた特例給付に所得制限が設けられた。対象となる年収は扶養親族の人数によって異なるが、片働きの親に中学生以下の子どもが2人いる「モデル世帯」の場合だと、年収1200万円以上で対象外となる。

「年収だけ見たらお金持ちに見えるかもしれないが、5人分の生活費に加えて（世帯年収に応じて額が変わる）末っ子の保育園代が年間70万円ほどかかり、生活に余裕はない。高校の授業料無償化も対象外になるだろうし、先行きが不安だ」（佐藤さん）

今回、特例給付が打ち切られる児童は全体の4％に当たる約61万人。捻出された財源は、14万人分の保育施設を整備するのに使われる。これに、子育て世帯からの反発が起きている。

反発の背景について「子育て支援拡充を目指す会」代表の工藤健一氏はこうみる。「（所得制限の）該当者が損をするから反発する、という単純な話ではない。日本はただでさえ家族政策が貧弱なのに、同じ子育て世帯の一部への支援を打ち切ることで他の支援の財源とする『付け替え』を行う政府への不信感が噴出している」。

支援が多いほど高出生率

「出生動向基本調査（2015年）」によると、夫婦が理想とする人数の子を持たない理由の筆頭は、育児や教育にかかる金銭的な負担だ（56・3％）。妻が35歳未満の場合、この率は8割に達する。

実際、子育て支援に用いられる家族関係支出が多い国ほど出生率は高いことがわかっている。日本の同支出はGDP（国内総生産）比で1・79％とOECD（経済協力開発機構）諸国の平均2・34％を下回っている。

家族関係支出が高い国ほど出生率も高い
—出生率と家族関係支出の関係—

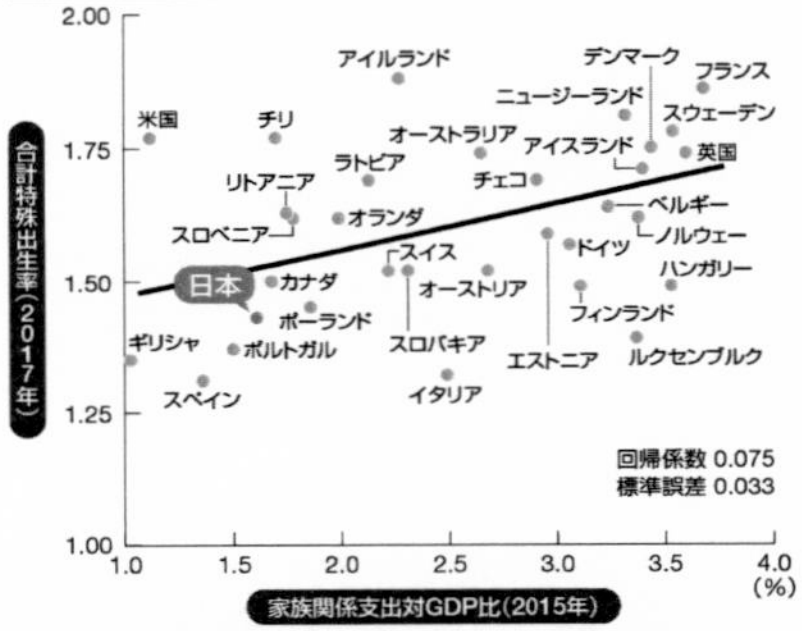

（注）OECD加盟国のうち、World Bank Country and Lending Groupsの「High-Income Economics」に分類される32カ国に絞っている　（出所）OECD Family Database、PF1.1 とSF2.1を基に東京大学の山口慎太郎教授が作成

所得制限がある育児支援が多い
—主な育児支援とモデル世帯の年収別支給額の目安—

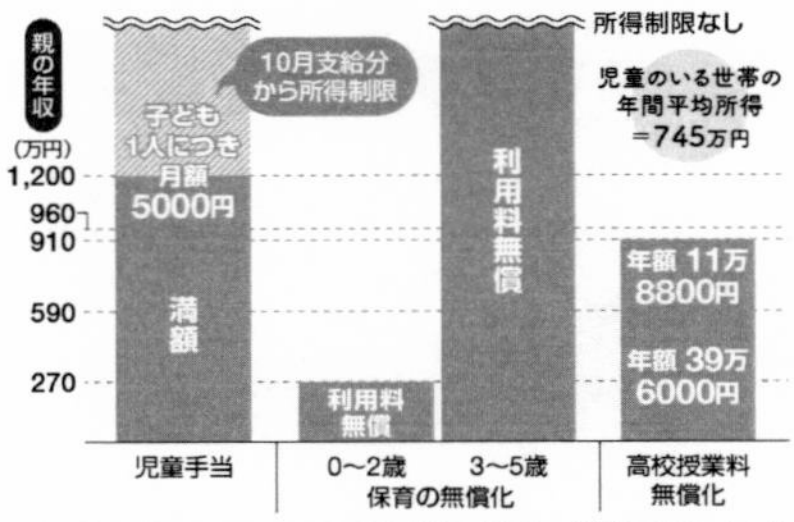

（注）モデル世帯は片働きで子ども2人。児童手当の支給額は、世帯主の年収による。他の育児支援は世帯年収。高校授業料無償化の支給額は私立に通った場合の上限　（出所）各省庁HP、2019年国民生活基礎調査の概況を基に東洋経済作成

日本の家族関係支出は増加傾向にあり、直近では19年の消費増税を財源に3〜5歳の保育料を無償化したが、手薄な部分はある。家族政策に詳しい中京大学の松田茂樹教授は、「欧州主要国と比べ遅れているのが経済支援。児童手当などの現金給付に加え、中間層に向けては12年に廃止された年少扶養控除を復活させるなど、税制を活用して実質的な経済支援をするのが有効」とし、家族関係支出を「3％台まで拡充すべき」と語る。

岸田文雄首相は、「子ども予算倍増」を打ち出しているが、ここでいう子ども予算の範囲すら政府内では決まっていない。さらに問題なのが、財源をどう確保するかだ。例えば児童手当の財源は、国、自治体、企業の事業主拠出金だが、全体のパイが増えなければ今回のような所得制限はやむをえない。

支援が手厚いフランスやスウェーデンは、その分、国民の税・社会保障負担率（国民負担率）も6割前後と高い。対する日本は4割程度だ。6月7日に閣議決定された「骨太の方針」では、子育て支援の財源に関して「社会全体での費用負担の在り方を含め幅広く検討を進める」という記述が盛り込まれたが、いつ、いかなる手段で財源を確保するかは曖昧なままだ。

重要なのは、社会全体で子育て支援をするという意識の醸成と、再分配の仕組みを作ることだ。平等に課税するなら、累進課税の強化や消費増税が合理的だが、加えて政府内で有力視されているのが、会社員や企業から保険料を取って子育て支援の財源とする「子ども保険」の創設だ。東京大学の山口慎太郎教授は「現役世代が保険料を負担するので子育て世帯の負担も増えることにはなるが、差し引きするとプラスになる制度設計にする必要がある」とする。

子どもを欲しい人が産める社会の実現は、長い目で見れば子どもがいない人や高齢者の生活を支えるはずだ。

（印南志帆）

INTERVIEW

「子どもへの投資は高リターン」

東京大学大学院経済学研究科　教授・山口慎太郎

日本の子育て支援に関する予算は国際的に見て低く、ＯＥＣＤ（経済協力開発機構）加盟国の平均にも達していない。

支援を拡充したほうが出生率は上がる。保育園の拡充など現物給付と、児童手当などの現金給付、どちらを優先的に充実させたほうが効果的かというと、現金よりも現物給付を拡大したほうがいい。単に現金を渡せば、家庭によって受験の塾代になるかもしれず、これを公的支出で賄う必要はない。０～２歳の保育利用範囲の拡大（現在は共働き世帯のみが対象）や、学校給食の無償化など、まだ支援が手薄な部分に予算を投じるほうが効果は高そうだ。

増やした予算に比して、上昇する出生率は意外と小さいのが現実だ。出生から成人までの子どもへの全支出を1％減らす支援をしても、上がる出生率は0・05程度。（人口を維持できる出生率）2・1を超えるような、劇的な改善はとても見込めない。

だからといって支援が不要なわけではない。子どもの量を増やすのも重要だが、より注目されるべきは「質」の向上だ。胎児のときに母親が貧困だと、成人後の病気につながり、ひいては所得に影響するとわかっている。胎児期に母親が十分な栄養を取れるよう支援すれば将来の支出の節約になる。

幼児教育も非常に効果が高い。就学前の子どもに質の高い教育を受けさせれば発達が改善され、本人の所得が増える。多くの納税をして財政を支える側に回るわけだ。米国で行われている幼児教育の追跡調査「ペリー就学前計画」では、かけた投資に対する利回りは7・5％。株式投資よりも高い収益率だ。

（構成・印南志帆）

山口慎太郎（やまぐち・しんたろう）
1976年生まれ。99年慶応大学商学部卒業。2006年に経済学博士号を取得。19年から現職。

持続不能な日本の「移民」政策

団塊の世代が後期高齢者となる「2025年問題」以降、介護現場などで人手不足がさらに深刻化するのは必至だ。一層加速する少子高齢化や人口減少への対応において、外国人労働者の受け入れ拡大は現実的な選択肢として議論される。しかし彼らが今後も日本に来てくれるとは限らない。

移民政策を正面から掲げていない日本だが、出入国在留管理庁によれば2021年末時点ですでに276万人の外国人が暮らしている。そのうち外国人労働者は172・7万人（21年10月時点、厚生労働省）。ただ、外国人の割合は日本の総人口の2％程度である。英米独など欧米先進国では移民の割合が1割を超えており、日本における割合は決して多いわけではない。裏を返せば、移民を受け入れる「余地」

がある状態ともいえる。

実際、外国人労働者の受け入れペースは上がってきた。2009年に50万人を超え、16年に100万人を突破。20年は172万人となった。経済協力開発機構（OECD）加盟国の最新（2019年）「外国人移住者統計」では、日本は4番目の流入数を誇る。

コロナ禍で受け入れペースは一時的に鈍化したが、22年の水際対策緩和で外国人労働者の受け入れ本格再開は秒読み段階。5月の国籍別訪日外国人数ではベトナムが3万9000人と、コロナ禍前の19年同月比で2・3％減程度のところまで回復した。観光目的の受け入れは再開していなかったため、大部分が技能実習生だと思われる。

労働力不足を解消する手だてとして、国は制度を改変しながら外国人労働者の受け入れを続けてきた。在留資格別では「永住者」と「特別永住者」が4割と最大。一方で「技能実習」やアルバイトを行える「留学」、日系人を含む「定住者」、人手不足の業界の受け入れを想定し新設された「特定技能」の在留資格を持つ人が計4分の1を占める。人手不足が顕著ないわゆる単純労働など、ブルーカラーの一大供給源となっている。

外国人で回る便利な生活

技能実習生の収穫した国産農産物が、日本語学校の留学生が荷さばきする輸送拠点を経由し、技能実習生が調理・盛り付けをする食品工場に届く。そこで調理された弁当が、特定技能や技能実習で働く外国人の建設した建物に入るコンビニの店頭に並べられ、大学留学中の外国人アルバイトによって販売される。現在の日本の便利な生活は外国人労働者に支えられているといっても過言ではない。

しかし、彼らの置かれた状況は厳しい。厚労省の「賃金構造基本統計調査」によれば外国人労働者の月当たりの平均賃金は一般労働者の平均より8万円低い。また外国人労働者の中でも、技能実習や特定技能の人たちの賃金は月10万円台後半にとどまり、格差が顕著となっている。

外国人労働者の賃金は一般より8万円低い
―一般労働者と外国人労働者の平均賃金―

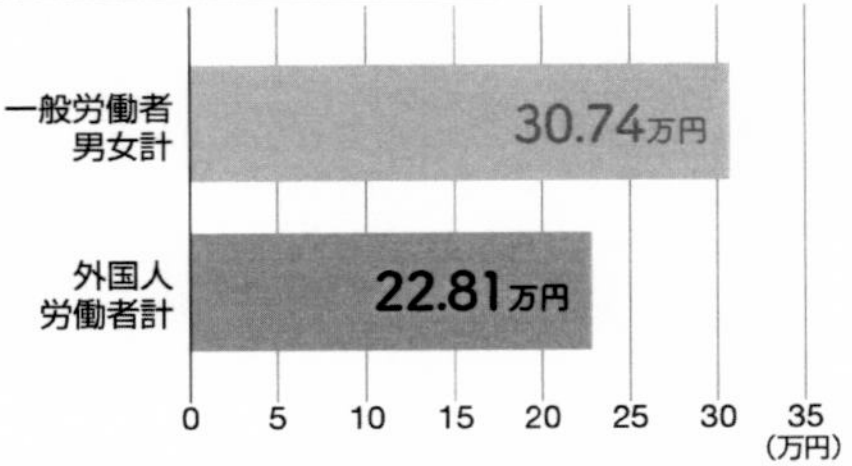

(出所)厚生労働省「令和3年賃金構造基本統計調査」を基に東洋経済作成

技能実習生の賃金は一段と低い
―在留資格別平均賃金―

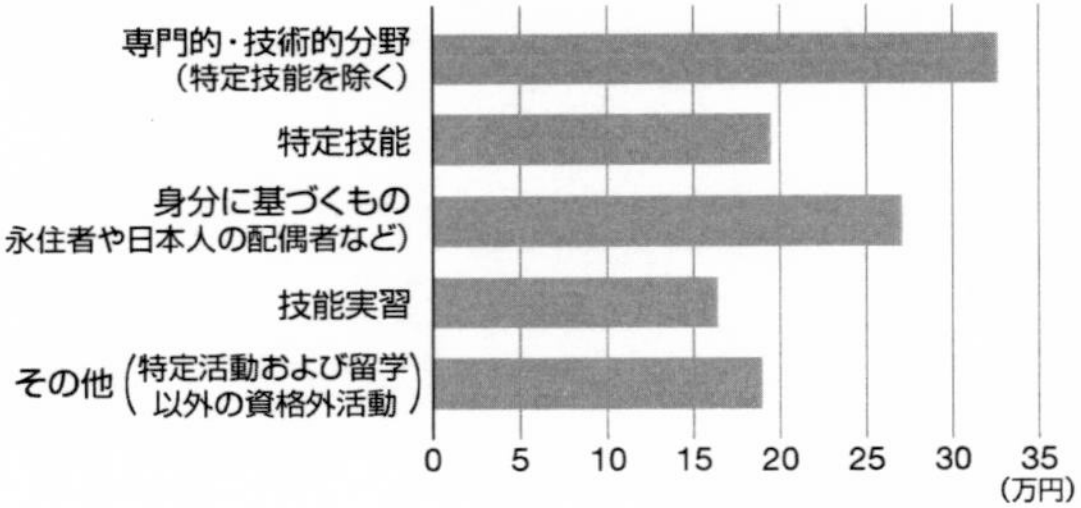

技能実習生らが就くのは、本来であれば日本人のなり手がいないため賃金が上昇するはずだった仕事。そこで安価な労働力として採用されている。それが可能なのは日本が彼らの母国の賃金水準を大きく上回っているからだ。

しかし、足元でこの前提条件は崩れ去りつつある。経済発展が著しい東南アジアと日本との賃金水準は急速に縮まっている。国際労働力移動が専門の東京都立大学の丹野清人教授は、「あと3年でベトナムなどからは来なくなってもおかしくないという覚悟が必要」と言う。「賃金を上げられない低収益企業の生き残りのため、外国人労働者が使われている」（丹野氏）と、日本経済の構造改革を阻害している面も指摘する。

第一生命経済研究所の星野卓也主任エコノミストも「賃金水準は上がらず円安も加速し、日本の魅力は落ちている」とし、「外国人労働者の確保は難しくなる」と話す。「省人化に投資し、生産性向上に向け経済構造を改革して、日本経済を強化すべきだ。安価な労働力として外国人に頼り続けていては持続可能性がまったくない」（星野氏）。

少子高齢化が進む東アジアにおいて、労働力不足に陥るのは日本だけではない。韓国や台湾も同様に外国人労働者の受け入れ拡大を進めており、労働力確保に向けた競争は今後激化する一方だ。持続的な制度づくりが求められる。

丹野氏は、日本滞在歴が5年以上などの条件を挙げつつも「定住者」ビザを拡大すべきと提案する。職業の選択が制限される技能実習と異なり、「定住者」は転職が可能。「定住者」増で、低賃金職場の淘汰が進むと期待できる。長期滞在者が増えることでコミュニティーが形成され、新たな外国人労働者の社会的な受け入れ負担も緩和できる。長期滞在の外国人労働者に、魅力ある職に就けるという展望が開けることは、日本経済や社会の構造改革にもつながる。

これらは「移民」政策への本格転換とも受け取られかねず、日本社会ではハードルが高いのも事実。ただ人口減少で外国人労働者がますます不可欠な存在になることは必至。選ばれる国になるには制度の転換や社会的意識の変革も必要だ。議論を避ける時間はもう残されていない。


（劉　彦甫）

吉野家「外国籍お断り」事件の教訓

2022年5月、吉野家ホールディングスが、名前などから外国籍と判断した学生（実際は日本国籍）を、採用説明会から門前払いしていたことが明らかになった。「就労ビザの取得が難しく、内定となった場合も入社できない可能性がある」と説明会の予約を取り消したのだ。

21年、大手電機メーカーの株主総会では、広告に大坂なおみ選手を起用したことについて株主の一人が、「日本人かもわからない人」と罵り、経営トップが発言を諫める場面もあった。いずれも人権問題とともに「日本人とは何か」という問いを投げかける。

日本人とは誰のことか

日本社会では同じ色の肌、髪で同じ言語を話すことが前提の、伝統的な日本人像や血統意識が根強く残る。移民に関する本質的な議論を先延ばしにし続けた結果、日本社会を構成する外国人材の受容や、そこで生まれる多様な日本人への想像がいまだ十分でない実情が浮き彫りになった。

東京都立大学の丹野清人教授は「技能実習制度の導入段階で変化を受け入れる覚悟が必要だった」と指摘。外国人材の受け入れが再拡大する中、意識の変化が求められる。

Ｚ世代に〝丸投げ〟するな

亜細亜大学アジア研究所　教授・大泉啓一郎

出生率の改善に多くを期待すべきではない。

少子化は全世界のトレンドであり、国連の人口推計では、世界のほぼ半数の国・地域で合計特殊出生率は人口が安定的に推移するのに必要な２・１を下回っているからだ。加えて、仮に出生率が改善したとしても、成人になるまで１８年の時間を要し、当面の間、社会が支える人口（従属人口）は増加する。今、求められるのは、出生率の変化で起こることを注視し、出生率の変化に左右されない経済社会を構築することである。

このような中で、持続的経済成長の要因として技術革新（イノベーション）への期待は高まっている。現在は第4次産業革命のさなかにあり、経済社会はデジタル技術の利活用を通じた変革が急速に進む。世界経済の歴史を振り返ってみても、技術革新が経済成長に大きく寄与してきた。また日本にはそれを実現できる技術大国としての誇りもある。

しかし、人口動態の観点から技術革新を見渡すと、日本には不安要素も少なくない。例えば、イノベーションの担い手である若者が、少子化のため、その数は減少し割合も低くなっている点が挙げられる。20~39歳をイノベーション世代としてみると、同世代の人口は1990年の3400万人から2020年には2660万人に減少した。

人口比率では27・5%から21・0%に低下している。20年の水準は世界平均の29・9%より8・9ポイントも低い。国連の人口推計によれば、30年にはさらに2360万人、19・5%に低下する（世界平均は28・3%）。

現実の出生率が国連の推計より低いという現状を勘案すれば、30年のイノベーション世代の人口と比率はさらに低くなると考えたほうがいい。若者に向けた投資拡充は持続的発展に不可欠だが、その成果への過大な期待は危険ともいえる。

高齢化がＤＸを阻害？

ポストコロナに向けて、先進国だけでなく、アジア新興国・途上国も同様にＤＸ（デジタルトランスフォーメーション）に動き始めている。コロナ禍でテレワークやフードデリバリー、ＱＲコード決済、配車アプリなども日常化した。

こうしたＤＸによる技術革新は、デジタルネイティブ世代が多いほど加速すると考えられる。そこで、８５年以降に生まれたミレニアル世代・Ｚ世代以降の世代を「デジタル世代」とし、その生産年齢人口（１５～６４歳）における割合をアジア全体で見てみた。

日本は2030年にようやく50%に
—生産年齢人口に占めるデジタル世代人口—

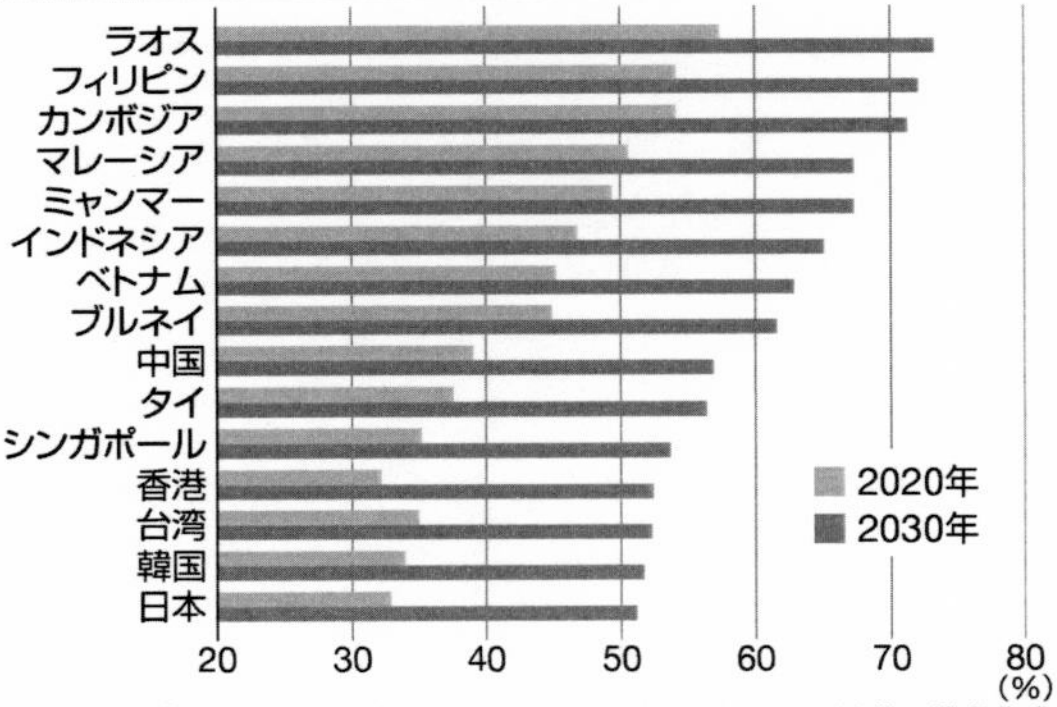

（出所）国連『World Population Prospects, the 2019 Revision』を基に筆者作成

すると、2030年までにいずれの国・地域でも50％を超えることが確認できる。つまり、アジア全体で20年代にかけてDXは加速すると考えられる。

もっともその程度は国によって異なる。多くの東南アジア諸国ではデジタル世代が2025年までに生産年齢人口の半数を超えてくるのに対して、日本は最も遅く30年にようやく50％を超える。

わが国では、21年9月にデジタル庁が設立されたものの、マイナンバーカードの普及さえ思うように進んでいない。ポストコロナの経済復興を、DXではなく、コロナ以前の手法に戻ることで実現しようとする動きさえある。これは、デジタル世代が増えにくい人口動態に影響を受けているのかもしれない。

有権者に占めるデジタル世代の割合で見ると、日本の状況はさらに深刻だ。有権者（データの制約上、20歳以上）のデジタル世代の比率を見ると、高齢者人口が多い日本は40年でも42・4％。デジタル世代がマジョリティーになるのは40年代半ばとなる。

他方、アジア諸国はデジタル世代中心の社会へと早くに移行する。中でも注目したいのがフィリピンである。5月の大統領選挙でマルコス氏が圧勝したが、その背景にはSNS（交流サイト）の活用があったといわれている。

フィリピンの携帯電話契約件数は人口の1・4倍であり、デジタル世代は有権者の4割を優に超えている。フィリピンでは政治がすでにDXを遂げているといってよい。間もなくデジタル世代が有権者のマジョリティーになる。それは日本よりも20年以上早い。

フィリピンの人口は2029年に日本を上回り、アジアの中で中国、インドネシアに次ぐ人口大国になる。次図は、30年のフィリピンと日本の人口ピラミッドを比較したものだ。人口規模は約1・2億人とほぼ同じであるものの、その構成はまったく異なる。

フィリピンのデジタル世代は9000万人、それに対して日本は同4900万人。現在のフィリピンの1人当たりGDP（国内総生産）は4000ドル程度と低水準にあるものの、経済社会は今後大きく変化するに違いない。

フィリピンのデジタル世代は9000万人に
―2030年のフィリピンと日本の人口ピラミッド―

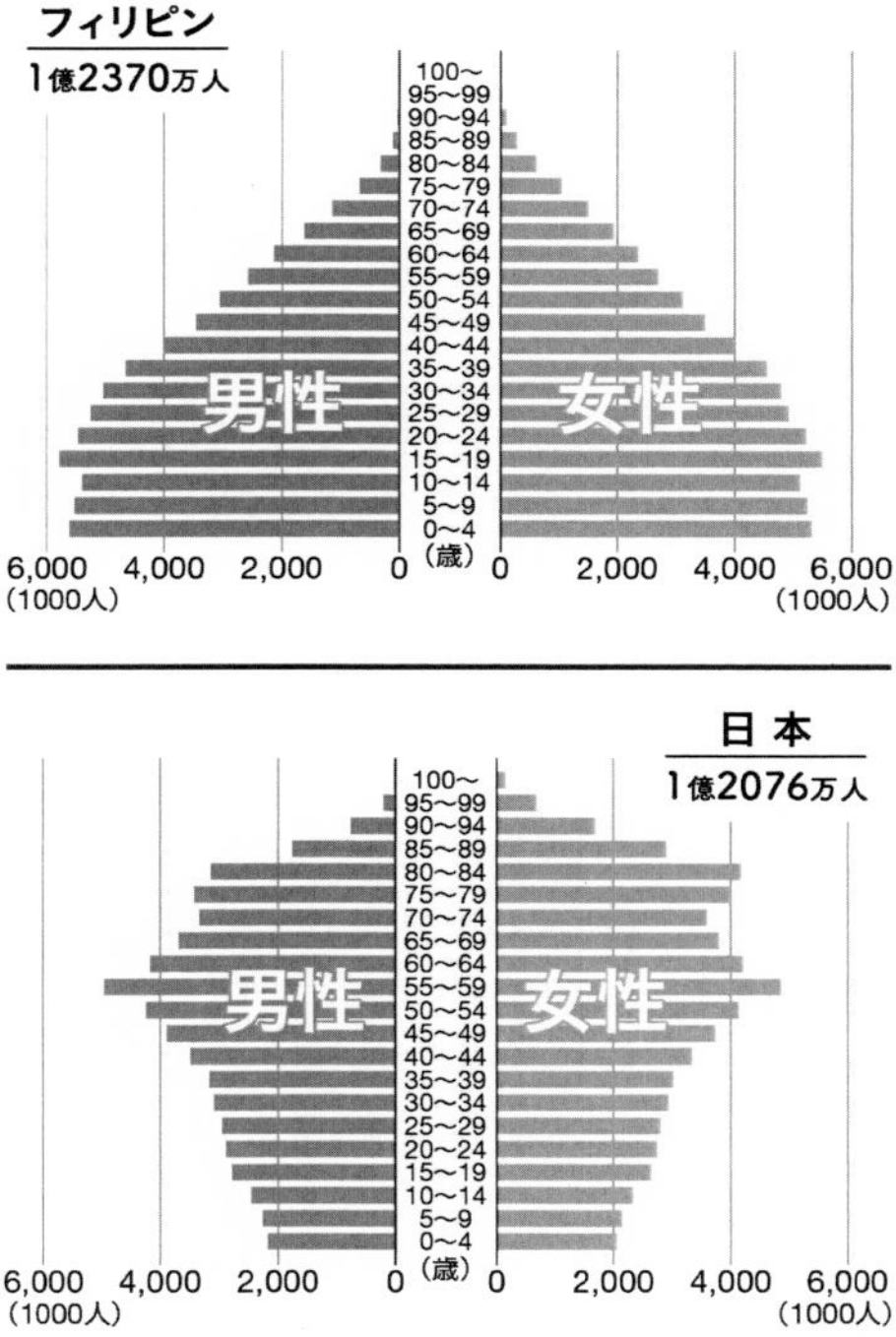

（出所）国連『World Population Prospects, the 2019 Revision』を基に筆者作成

専門知識は要らない

冒頭で触れたように、出生率が直ちに上昇したとしても、2022年に生まれた世代が成人になるのは40年だ。このことを肝に銘じておきたい。人口動態を考えれば、日本のDXを進めるにはデジタル世代よりも上の世代、シニア・アナログ世代の意識改革が必要だということだ。

「デジタル技術に疎いから」と弱気になる必要はない。アジアで加速する経済社会のデジタル化の実態をじっくり観察すれば、DXの実現にデジタル技術への専門知識は必ずしも要らないことがわかる。

例えば、中国のデジタル化を牽引したアリババグループの創業者ジャック・マー氏はもともと英語教師だった。彼の優れたところは、中国の社会問題をデジタル化で解決しようとした問題意識と行動力にあった。

東南アジアで配車アプリからユニコーン企業へ成長したGrab（グラブ）やGojek（ゴジェック）も、創業者こそ若いデジタル世代であったものの、その成功の秘訣は、東南アジアのひどい交通渋滞をＤＸで解決するというビジネスの企画力であった。

つまりＤＸに求められるのは、問題発見と企画力、行動力なのである。逆にいえば「デジタル技術に疎いから」というのは言い訳にならない。

アジアの新興国・途上国は、コロナ禍で経済社会のデジタル化を加速させており、しかもデジタル世代も豊富だ。教育水準も格段に向上している。「若者に任せた」という潔い言葉も、「コロナ前に戻す」という現実主義も、日本を「デジタル後進国」にする原因となる。

少子化が進む中、日本のＤＸの行方は、若者ではなく、シニアの取り組み姿勢に懸かっている。

大泉啓一郎（おおいずみ・けいいちろう）

１９８８年京都大学農学研究科修了。さくら総合研究所、日本総合研究所を経て、２０１９年から現職。京都大学博士（地域研究）。著書に『老いてゆくアジア』（中公新書）など。

「人口減は国を滅ぼす　古い家族観を見直せ」

経営コンサルタント・大前研一

加速する少子化、人口減の現実に、日本はどう向き合えばよいのか。経営コンサルタントの大前研一氏に打開策を聞いた。

〔3つのポイント〕
①2030年以降、若者が急減し国家的危機に
②抜本的な制度見直しと子育て支援を行え
③高齢者の課題解決で、若い世代も前向きに

――コロナ禍で人口減少のペースが上がりました。

イーロン・マスクまで「日本は消滅する」と言い始めているが、日本にとって人口減は国家存亡の危機といえる。2030年以降、15~64歳の生産年齢人口は急激に減少する。

若い人、働く人が減ると、労働供給や市場が縮小するばかりでなく、消防や警察、自衛隊にも人が集まらなくなる。そうしたらいずれ国を乗っ取られるだろうね。日本には2000兆円もの個人金融資産があって、よその国がこの国を奪ったらそれはリッチになる。

日本の最重要問題であるにもかかわらず、専門に担当している役所もない。戸籍は総務省、保育は厚生労働省、学校は文部科学省と縦割り。少子化対策担当相は兼任でくるくる代わるし、誰もフルタイムでこの問題を見ていない。

――2023年4月にこども家庭庁が創設されます。

文科省が反発して、幼保一体化さえできない中途半端さを示した。子育て政策も大事だが、少子化問題に関する私の認識としては、その前の恋愛や結婚、子どもを産む段階が重要なポイントだ。

結婚した人に、「あなたは子どもを何人欲しいですか」と聞くと、今でも「2人」という回答が最も多い。それなのに日本の出生率は1・3だ。これには未婚率の上昇や晩婚化が大きく影響している。

日本人はきちんと結婚して籍を入れないと子どもを産めないという考えが強いが、欧州では婚外子が当たり前になっている。全体の出生数に対して、アイスランドは70%、フランスは60%が、結婚していないパートナーとの間にできた子どもだ。日本や韓国は婚外子が際立って少なく、2%前後しかいない。韓国の出生率に至っては0・81と日本以上に深刻だ。

日本の場合は経済的な事情から、20歳を過ぎても子どもが親と一緒に住むケースが多い。だが、欧米ではお金がなくてもすぐに家を出ていって、同棲したり、男女5～6人でシェアハウスに住んで恋愛したりするのが一般的だ。その過程で、自然と子どもが生まれてくる。

日本では籍を入れないと子どもが差別されるから、妊娠中絶してしまう。私は今の日本の若者を見たときにかわいそうだと思う。普通に恋愛して子どもをつくればいいのに、戸籍制度なんかが邪魔をする。でも夫婦別姓の議論さえ紛糾するような今の国会で、戸籍廃止の案は持ち出すのも難しい。

――古い制度や家族観を見直していく必要がある、と。

それ一発ではダメ。その議論をしながら、子どもを育てることがいかに大切で大変か、公的な支援がどれぐらい必要かも併せて考えるべきだ。

例えば、スウェーデンでは子どもが3人以上になると「もうちょっと広い部屋が必要でしょ」と、国が住宅手当を出してくれる。フランスは「N分N乗方式」といって、子だくさんの世帯に税優遇をしている。3人目からは所得税を払わないでいいどころかプラスでもらえてしまう。国によってさまざまな工夫はあるが、落ちた出生率をもう一度上げるにはものすごい金と時間をかけ、制度の改革をやらなくてはいけない。

今のクレイジーな日本の予算から見ると、子どもの育成にもっともっと金を使っていい。「骨太の方針」では「人への投資」として4000億円をポンッと大学などに配るが、ビジネス感覚のない大学が新規事業を生み出せるの、と。

それなら子どもを増やすために配ったほうがよっぽど確実に効き目がある。日本は抜本的に制度や因習、考え方を改めないといけない。総合工事が必要だ。

――難しい工事になります。

普通の国だったらここまで来れば移民の受け入れを始めるところだが、日本は世界で最も移民に拒否感を持つ国で、この議論もしにくい。

――突破口はありますか?

難しい問題だが、高齢化社会を逆手に取って、若い世代が前向きな家族観を持てるようなビジネスを考えたらいい。エイジテック(高齢者の課題を解決するテクノロジー)はその1つだ。

私らの世代は、家に少し余裕があったら、地方から来た子を下宿させていた。若い人が早く帰ってきたら、「あんた家を見ていて」なんて言って、「あいよ」と。若い人は自然と中高齢者と付き合うことになる。しかも下宿代は安い。

現在、米国では「Ｐａｐａ（パパ）」というサービスがはやっている。登録している大学生が高齢者の自宅に派遣され、話し相手になったり、車の運転や電球の交換をしたりする。その代わりに安く部屋に住めるし、報酬ももらえる。

これは面白い。若者は自分のできることを高齢者に提供すればいいし、高齢者から見たら、子どもが巣立って空いている家に一緒に誰かがいてくれたほうが心強い。世代を超えた事業機会がある。

――お互いに学びがありますね。

今の若い人は、親を見て自分も結婚したいとは思わない。それは親が子どもの前でけんかばかりして結婚に対し夢がないというのもあるが、昇進・昇給して家を建てて、という親世代の人生が、「私にはできません」となるからだ。

その点、多くの高齢者と触れ合えば家族観も変わるだろう。日本には85歳より上の人が600万人以上もいる。例えば、この人たちと大学生をマッチングして、自分史を書くアルバイトをさせたらいい。戦前、戦後の日本の姿を若者が聞き取りして、古い写真をデジタル化しＤＶＤにまとめてもらい、生前葬として友人に配る。費用は最後に死んだとき生命保険から払えばいい。押し入れを整理して売れる物を売り、儲けを折半、などという商売も面白い。
横町の風呂屋で待たされて、寒さでせっけんがカタカタ鳴ったなんて南こうせつの『神田川』の歌詞を今の大学生が聞いたら「何のこっちゃ」となる。貧乏でも結婚して共に苦労した時代があった。それを知るだけで価値がある。
少子化と人口減は日本にとって究極の問題。自然に子どもを産める国にするにはどうしたらいいか。本気で工事しないといけない。

（聞き手・秦　卓弥）

大前研一（おおまえ・けんいち）
1943年生まれ。米マサチューセッツ工科大学大学院で博士号（原子力工学）取得。日立製作所を経て、マッキンゼー日本支社長、アジア太平洋地区会長を歴任。ビジネス・ブレークスルー大学学長として日本の将来を担う人材の育成に力を注ぐ。

【週刊東洋経済】

本書は、東洋経済新報社『週刊東洋経済』2022年7月9日号より抜粋、加筆修正のうえ制作しています。この記事が完全収録された底本をはじめ、雑誌バックナンバーは小社ホームページからもお求めいただけます。

小社では、『週刊東洋経済eビジネス新書』シリーズをはじめ、このほかにも多数の電子書籍ラインナップをそろえております。ぜひストアにて「東洋経済」で検索してみてください。

『週刊東洋経済eビジネス新書』シリーズ

No.399　EV　産業革命
No.400　実家のしまい方
No.401　みずほ　解けない呪縛
No.402　私大トップ校　次の戦略
No.403　ニッポン再生　7つの論点

No.404　マンション管理
No.405　学び直しの「近現代史」
No.406　電池　世界争奪戦
No.407　定年格差　シニアの働き方
No.408　今を語る16の視点　2022
No.409　狙われる富裕層
No.410　ライフシフト超入門
No.411　企業価値の新常識
No.412　暗号資産&NFT
No.413　ゼネコン激動期
No.414　病院サバイバル
No.415　生保　最新事情
No.416　M&Aマフィア
No.417　工場が消える

No.418　経済超入門　２０２２
No.419　東証　沈没
No.420　テクノロジーの未来地図
No.421　年金の新常識
No.422　先を知るための読書案内
No.423　欧州動乱史
No.424　物流ドライバーが消える日
No.425　エネルギー戦争
No.426　瀬戸際の地銀
No.427　不動産争奪戦
No.428　インフレ時代の資産運用＆防衛術

週刊東洋経済eビジネス新書　No.429
人口減サバイバル

【本誌（底本）】
編集局　野村明弘、秦　卓弥、印南志帆
デザイン　杉山未記、熊谷直美
進行管理　三隅多香子
発行日　2022年7月9日

【電子版】
編集制作　塚田由紀夫、長谷川　隆
デザイン　市川和代
制作協力　丸井工文社
発行日　2023年7月20日　Ver.1

発行所　〒103-8345
東京都中央区日本橋本石町1-2-1
東洋経済新報社
電話　東洋経済カスタマーセンター
03（6386）1040
https://toyokeizai.net/
発行人　田北浩章
©Toyo Keizai, Inc., 2023

電子書籍化に際しては、仕様上の都合などにより適宜編集を加えています。登場人物に関する情報、価格、為替レートなどは、特に記載のない限り底本編集当時のものです。一部の漢字を簡易慣用字体やかなで表記している場合があります。本書は縦書きでレイアウトしています。ご覧になる機種により表示に差が生じることがあります。

本書に掲載している記事、写真、図表、データ等は、著作権法や不正競争防止法をはじめとする各種法律で保護されています。当社の許諾を得ることなく、本誌の全部または一部を、複製、翻案、公衆送信する等の利用はできません。

もしこれらに違反した場合、たとえそれが軽微な利用であったとしても、当社の利益を不当に害する行為として損害賠償その他の法的措置を講ずることがありますのでご注意ください。本誌の利用をご希望の場合は、事前に当社（TEL：03-6386-1040もしくは当社ホームページの「転載申請入力フォーム」）までお問い合わせください。

※本刊行物は、電子書籍版に基づいてプリントオンデマンド版として作成されたものです。